教师职业技能实训系列教材

教师教学课件设计与制作教程

陈亚军　舒　波
宋国琴　谢应涛　编著

四川省高等教育"质量工程"项目成果

科学出版社
北　京

内 容 简 介

本书针对职前和在职教师在课件设计与制作知识和技能方面的薄弱环节，以常用的课件制作软件为载体，根据学习者的认知规律，合理组织理论与实践的知识和技能，循序渐进、由浅入深；案例设计贴近学习者生活并具有趣味性，讲解图文并茂、步骤明晰、操作简洁，有利于学习者理解和实践操作；语言通俗易懂、言简意赅。全书共 9 章，主要介绍四部分内容：第 1 章主要介绍多媒体课件制作的理论基础；第 2 章主要介绍多媒体素材的采集与编辑；第 3～5 章介绍使用 PowerPoint 2003 制作多媒体课件的方法；第 6～9 章介绍使用 Flash CS4 制作多媒体课件的方法。

本书是教师职业技能实训系列教材之一，适用于高等师范院校的师范专业学生和中小学教师，也适用于 PowerPoint 与 Flash 的初级学习者和媒体爱好者。

图书在版编目(CIP)数据

教师教学课件设计与制作教程/陈亚军等编著. —北京：科学出版社，2013

教师职业技能实训系列教材

ISBN 978-7-03-037685-5

Ⅰ. ①教… Ⅱ. ①陈… Ⅲ. ①多媒体课件–制作–师范大学–教材 Ⅳ. ①G434

中国版本图书馆 CIP 数据核字 (2013) 第 118287 号

责任编辑：胡云志 / 责任校对：宋玲玲
责任印制：张 伟 / 封面设计：华路天然设计工作室

科 学 出 版 社 出版
北京东黄城根北街 16 号
邮政编码：100717
http://www.sciencep.com

固安县铭成印刷有限公司 印刷
科学出版社发行 各地新华书店经销
*

2013 年 6 月第 一 版　开本：720×1000 B5
2023 年 2 月第九次印刷　印张：11
字数：211 000

定价：34.00 元
(如有印装质量问题，我社负责调换)

前　　言

21世纪，人类社会进入了一个高速发展的信息时代，信息技术的飞速发展不仅影响着人类生活与工作的方式，也影响着教育与学习的方式、方法，从而促进了教育的信息化。

教育技术能力是实现教育信息化的前提和基础，更是有力的保证，是提升我国基础教育质量的有效手段和方法。教育部颁布的《中小学教师教育技术能力标准（试行）》对中小学教学人员的教育技术能力给出了明确标准，并对中小学教学人员应具备的教育技术知识与技能提出了明确要求，而熟练掌握"教学课件设计与制作"的知识与技能便是其中重要内容之一。据相关研究表明：有超过 1/3 的职前教师不太熟练或完全不会"多媒体课件设计与制作"的知识与技能；有近 40% 的职前教师迫切希望发展自己的教学课件制作能力。

本书针对职前和在职教师在课件设计与制作知识和技能方面的薄弱环节，以常用的课件制作软件为载体，根据学习者的认知规律，合理组织理论与实践的知识和技能，循序渐进、由浅入深；案例设计贴近学习者生活并具有趣味性，讲解图文并茂、步骤明晰、操作简洁，有利于学习者理解和实践操作；语言通俗易懂、言简意赅。与同类教材相比较，本书在知识结构方面系统性强、针对性强、注重实用、注重实验的操作性；在内容组织方面以认知学习理论与认知负荷理论为指导，采用图文并茂的编写方法，多通道刺激学习者的大脑，符合人类的认知规律，能有效减少教师和学习者的认知负荷，从而提高教学与学习的效率。全书共 9 章，主要介绍四部分内容：第 1 章主要介绍多媒体课件制作的理论基础；第 2 章主要介绍多媒体素材的采集与编辑；第 3～5 章介绍使用 PowerPoint 2003 制作多媒体课件的方法；第 6～9 章介绍使用 Flash CS4 制作多媒体课件的方法。

本书由陈亚军、舒波、宋国琴、谢应涛编写，编者均为西华师范大学的一线教师，从事教学工作多年，具有丰富的教学和多媒体课件制作经验，所从事的专业及研究方向均为教育技术或相关专业。本书第 1 章由陈亚军编写，第 2 章由舒波编写，第 3～5 章由宋国琴编写，第 6～9 章由谢应涛编写；陈亚军、舒波负责全书统稿。

本书主要面向高师院校的师范生、中小学教师，同时也适用于 PowerPoint 与 Flash 的初级学习者和媒体爱好者。本书能有效提高初学者对多媒体素材的采集、编辑能力，提高对多媒体课件的设计与制作理论和实践的操作技能，并能在一定程度上提升学习者的教育技术能力，从而有利于学习者的专业发展。

本书是 2011 年四川省高等教育"质量工程" 项目——《教师职业技能训练中心建设》子项目《教师职业技能实训系列教材》的成果之一。在本书的编写过程中，得到了西华师范大学领导、教材发行中心及项目负责人冯明义教授的大力支持及帮助。在编写过程中，编者阅读了国内多位专家的相关书籍，并引用了他们的部分成果，在此深表谢意！

由于编者水平有限，且时间仓促，书中难免存在疏漏和不妥之处，恳请广大读者和专家批评指正。

编 者

2013 年 1 月 20 日

目 录

前言
第1章 多媒体课件制作的理论基础 ································· 1
  1.1 计算机辅助教学 ··· 1
    1.1.1 计算机辅助教学的发展历史 ····························· 1
    1.1.2 计算机辅助教学系统的组成 ····························· 2
    1.1.3 计算机辅助教学的作用 ································· 2
  1.2 多媒体课件的相关概念 ······································· 3
    1.2.1 多媒体技术 ··· 4
    1.2.2 多媒体信息 ··· 5
    1.2.3 多媒体课件及其分类 ··································· 7
  1.3 多媒体课件的设计原则 ······································· 8
  1.4 多媒体课件的开发过程 ······································· 9
  思考与练习 ··· 12
第2章 多媒体素材的采集与编辑 ··································· 13
  2.1 文本素材的采集与编辑 ······································ 13
    2.1.1 文本素材的采集 ······································ 13
    2.1.2 文本素材的编辑 ······································ 14
    2.1.3 文本素材的采集与编辑实例 ···························· 15
  2.2 图像素材的采集与编辑 ······································ 16
    2.2.1 图像素材的采集 ······································ 16
    2.2.2 图像素材的编辑 ······································ 18
    2.2.3 图像素材的采集与编辑实例 ···························· 19
  2.3 声音素材的采集与处理 ······································ 20
    2.3.1 声音素材的采集 ······································ 20
    2.3.2 声音素材的编辑 ······································ 23
    2.3.3 声音素材的采集与编辑实例 ···························· 23
  2.4 视频素材的采集与编辑 ······································ 24
    2.4.1 视频素材的采集 ······································ 24
    2.4.2 视频素材的编辑 ······································ 27
    2.4.3 视频素材的采集与编辑实例 ···························· 28
  2.5 动画素材的采集与编辑 ······································ 30

2.5.1 动画素材的采集 ·· 30
2.5.2 动画素材的编辑 ·· 32
2.5.3 动画素材的采集与编辑实例 ·································· 33
思考与练习 ··· 35

第 3 章 使用 PowerPoint 2003 制作课件片头和主控导航 ············ 36
3.1 新建和保存课件 ··· 36
3.1.1 新建课件 ·· 36
3.1.2 自动保存课件和加密 ·· 37
3.2 布局课件片头外观和内容 ···································· 40
3.2.1 选择课件模板 ·· 40
3.2.2 选择课件配色方案 ·· 42
3.2.3 选择课件版式 ·· 44
3.2.4 设置课件背景 ·· 45
3.2.5 插入文字信息 ·· 46
3.2.6 插入自动更新日期 ·· 47
3.3 制作课件导航页 ··· 48
3.3.1 插入"主控导航界面"幻灯片 ································ 48
3.3.2 输入导航页的内容 ·· 49
思考与练习 ··· 54

第 4 章 使用 PowerPoint 2003 制作课件主体 ······················· 55
4.1 第 3 张幻灯片——语文课件"咏鹅" ·························· 55
4.1.1 添加新幻灯片 ·· 55
4.1.2 向幻灯片添加课件内容 ······································ 56
4.2 第 4 张幻灯片——计算机课件"组织结构图" ················· 58
4.2.1 添加新幻灯片 ·· 58
4.2.2 向幻灯片添加课件内容 ······································ 58
4.3 第 5 张幻灯片——物理课件"平抛运动" ······················ 61
4.3.1 添加新幻灯片 ·· 61
4.3.2 向幻灯片添加课件内容 ······································ 62
4.4 第 6 张幻灯片——数学课件"公式和特殊符号" ··············· 63
4.4.1 添加新幻灯片 ·· 63
4.4.2 向幻灯片添加课件内容 ······································ 64
思考与练习 ··· 67

第 5 章 PowerPoint 2003 课件放映、演练及发布 ··················· 68
5.1 放映课件 ·· 68
5.1.1 自主放映 ·· 68
5.1.2 自动循环放映 ·· 70

  5.1.3 排练计时和录制旁白 ·· 71
 5.2 导航页的导航功能 ··· 75
  5.2.1 通过超链接实现主控导航与其他幻灯片的交互 ·· 75
  5.2.2 超链接到更多地方 ··· 78
 5.3 幻灯片动画 ·· 80
  5.3.1 片头幻灯片动画 ·· 80
  5.3.2 第 3 张幻灯片动画 ··· 83
  5.3.3 第 5 张幻灯片动画 ··· 84
 5.4 课件的打包与发布 ··· 86
  5.4.1 课件的直接复制 ·· 87
  5.4.2 课件的打包 ·· 88
  5.4.3 课件保存为网页 ·· 88
 思考与练习 ·· 90

第 6 章 Flash 基础知识 ·· 91
 6.1 Flash 简介 ··· 91
 6.2 界面介绍 ·· 92
  6.2.1 菜单栏 ··· 94
  6.2.2 工具箱 ··· 94
  6.2.3 时间轴 ··· 94
  6.2.4 属性页 ··· 95
  6.2.5 库 ··· 95
  6.2.6 舞台 ·· 95
  6.2.7 工作界面的调整 ·· 96
 6.3 文档的基本操作 ··· 97
  6.3.1 打开已有文档 ··· 97
  6.3.2 设置文档属性 ··· 97
  6.3.3 文档的保存与导出 ··· 98
 思考与练习 ·· 99

第 7 章 使用 Flash 制作简单课件实例 ··· 100
 7.1 文字的添加 ··· 100
 7.2 图的添加及变形 ··· 102
 7.3 声音的添加及编辑 ·· 108
  7.3.1 添加声音 ··· 108
  7.3.2 编辑声音 ··· 109
 7.4 视频的添加 ··· 113
 7.5 引导线的使用 ·· 115
  7.5.1 创建引导线动画 ·· 116

  7.5.2 课件制作中的引导线——抛物线运动 119
 7.6 遮罩的使用 125
  7.6.1 创建遮罩动画 125
  7.6.2 课件制作中的遮罩——流动的长江 130
 思考与练习 135

第 8 章 使用 Flash 制作幻灯片演示文稿 136
 8.1 幻灯片的新建 136
 8.2 幻灯片的交互控制 139
 8.3 幻灯片的过渡 140
 8.4 Flash 幻灯片演示文稿制作实例——如梦令 143
 思考与练习 153

第 9 章 使用简单脚本语言编写课件 154
 9.1 ActionScript 的版本 154
 9.2 ActionScript 2.0 与 ActionScript 3.0 155
 9.3 简单的 ActionScript 语句 155
  9.3.1 ActionScript 中通用的语句 155
  9.3.2 ActionScript 2.0 与 ActionScript 3.0 不同的使用方式 157
 9.4 课件制作中的 ActionScript 2.0——直角三角形的边长 158
 9.5 课件制作中的 ActionScript 3.0——自由落体运动 161
 思考与练习 166

参考文献 167

第 1 章　多媒体课件制作的理论基础

1.1　计算机辅助教学

计算机辅助教学(Computer Aided Instruction,CAI)是在计算机辅助下进行的各种教学活动,以对话方式与学生讨论教学内容、安排教学进程、进行教学训练的方法与技术。CAI 为学生提供了一个良好的个人化学习环境。CAI 综合应用多媒体、超文本、人工智能和知识库等计算机技术,克服了传统教学方式上单一、片面的缺点。它的使用能有效地缩短学习时间、提高教学质量和教学效率,实现最优化的教学目标。

1958 年,美国 IBM 公司成功地研制出了第一个计算机辅助教学系统,从此 CAI 便进入了课堂教学,并宣告人类迈入了计算机教育应用的时代。

1.1.1　计算机辅助教学的发展历史

美国是对计算机辅助教学研究和应用最早的国家,因此 CAI 的发展史基本上以美国 CAI 发展历史为主线。近 50 年的 CAI 发展大体上可分为五个阶段。

1. 1958~1965 年

这是 CAI 发展的初期阶段。在这一阶段,主要是以大学和计算机公司为中心开展的软、硬件的研究和开发工作,并出现了一些有代表性的系统,如 PLATO 系统。

2. 1965~1970 年

这一阶段的特点是研究的规模扩大,并且将前期的研究成果拓展到应用领域,投入应用。斯坦福大学在 1966 年研制了 IBM 1500 教学系统。

3. 1970~1975 年

这一时期,CAI 的应用范围不断扩大,并进一步趋向实用化。开发的科目除了数学、物理之外,在医学、语言学、经济学、音乐等多种学科领域均开展了 CAI 的应用。

4. 1975~20 世纪 80 年代后期

在这一阶段,微型计算机进入教育领域之后,形成了极大的冲击,成为多种教育环境中的理想工具。

5. 20 世纪 80 年代末以后

20 世纪 80 年代末和 20 世纪 90 年代初,多媒体计算机的出现,被称为计算机的一场革命;多媒体计算机具有综合处理文字、图形、图像、声音、视频及动画的能力,同时展现出了计算机在教育领域的巨大潜能,并很快成为 CAI 发展的重要方向。

1.1.2 计算机辅助教学系统的组成

计算机辅助教学系统由硬件系统和软件系统组成。

1. 硬件系统

硬件系统由 5 个部分构成,即控制器、运算器、存储器、输入设备和输出设备。常用的输入设备有光盘机、磁盘机、磁带机、数字照相机、扫描仪、视频采集卡、声卡、话筒、调制/解调器和网络适配器、键盘、鼠标、笔式输入器等。常用的输出设备有磁盘机、光盘刻录机、磁带机、打印机、胶片记录仪、高亮度投影仪、显示器、声卡、放大器和扬声器、调制/解调器和网络适配器。

2. 软件系统

软件系统包括操作系统、各种形式的课件、题库、教学管理系统及其开发与支持环境的软件。显然,现阶段各级院校计算机辅助教学的重点应是课件、题库、教学管理系统等应用系统的开发、应用和研究。随着计算机硬件的技术发展和大规模生产,硬件价格日益下降,使开展计算机辅助教学的硬件基础日益坚实;而日益紧迫的需求则是适应教学实际的各种形式的课件和相关的应用系统。因此,开发出高质量的各种形式的课件,将其应用于教学中,并不断地研究其中规律,使计算机辅助教学发挥更大的作用和优势并促进本身的不断发展,这是每个在教学中采用这种先进教学模式的教育工作者应努力实现的目标。

1.1.3 计算机辅助教学的作用

1. 有助于观察能力的培养

计算机辅助教学可以根据学生观察的需要把事物化静为动、化虚为实、化繁为简,使难以观察到的事物清晰地呈现在学生面前,从而使学生可以细致、全面地进行观察,启发其积极思考。计算机不但为学生的观察提供了丰富的画面,而且还教给了学生分析问题、解决问题的方法。计算机能提供生动形象的声像信息,可以不受时间、空间的限制，在教学中显示所要观察的自然事物，同时，还能对时间进行缩放，在显示事物变化发展过程中有独特的功能。在展现宇宙星体运动变化、动植物的运动与生长情况方面优势很大。

2. 有助于概括能力的培养

人类的思维活动有许多的特点，概括能力是其中最基本的特点之一。概括的过程是把个别事物的本质属性推及为同类事物本质属性的过程，也就是思维由个别通向一般的过程。所有的学习活动都离不开概括。概括是一切科学研究的出发点，是掌握规律的基础，任何科学研究的结论都来自于概括过程。从教学实践上说，学习和运用知识的过程是概括过程，利用表象可以概括出科学概念，并发展学生的概括、推理能力。计算机能提供直观生动、清晰的表象，有利于引导学生根据表象概括出同类事物的共同特征。

3. 有助于逻辑思维能力的培养

小学生的思维处于由具体形象思维向抽象逻辑思维的过渡阶段，就具体教学来说，利用表象形成概念是培养学生概括思维能力的主要方法，巩固知识和应用知识是培养学生推理思维的主要方法。由于自然知识之间如链条一样连接着，本身就具有科学的逻辑关系。我们在设计计算机软件时完全可以依据这些关系，将本来就有密切内在联系的知识有机地沟通起来。在进行教学实践的同时，学生的认知结构也不断地组建，逻辑推理能力也就在学生增长知识的同时得以发展起来。

总之，计算机辅助教学的运用对促进学生的思维能力发展效果是显著的。计算机进入课堂为学生的思维提供了具体生动的客体形象，可以激发学生学习的兴趣，培养学生积极发现问题、提出问题的能力，并在丰富学生表象方面起到积极作用。从学习兴趣对比实验的结果看出，计算机进课堂有如下优点：①对学生长时记忆效果明显；②培养学生简单应用知识能力效果明显；③能激发学生学习兴趣，提高学生学习积极性；④对培养学生思维能力效果明显。

1.2 多媒体课件的相关概念

多媒体技术是现代科学最新的成就之一，它的问世，引起了社会广泛的关注。将多媒体技术用于 CAI 系统会产生意想不到的效果。多媒体技术与教育相结合便产生了多媒体课件。多媒体课件因能集图、文、声、像于一体，直观、形象地再现和展示各种场景与信息而被广泛地应用于学习、生活与工作之中，比如课堂教学、自主学习、社会培训、工作汇报等众多领域。为了更好地理解多媒体课件，下面我们将对它的相关概念进行简单的介绍。

1.2.1 多媒体技术

"多媒体"一词译自英文"Multimedia"，是由 mutiple 和 media 复合而成的。与多媒体相对应的是单媒体(Monomedia)，从字面上看，多媒体就是由单一媒体复合而成的。要更好地理解多媒体，我们先要了解媒体的定义及其分类。

1. 媒体的定义与分类

国际电话电报咨询委员会 CCITT(Consultative Committee on International Telephone and Telegraph，国际电信联盟 ITU 的一个分会)把媒体(medium)分成如下 5 类：

(1) 感觉媒体(Perception Medium)：指直接作用于人的感觉器官，使人产生直接感觉的媒体。例如，引起听觉反应的声音，引起视觉反应的图像等。

(2) 表示媒体(Representation Medium)：指传输感觉媒体的中介媒体，即用于数据交换的编码。例如，图像编码(JPEG、MPEG 等)、文本编码(ASCII 码、GB2312 等)和声音编码等。

(3) 表现媒体(Presentation Medium)：指进行信息输入和输出的媒体。例如，键盘、鼠标、扫描仪、话筒、摄像机等为输入媒体；显示器、打印机、喇叭等为输出媒体。

(4) 存储媒体(Storage Medium)：指用于存储表示媒体的物理介质。例如，硬盘、软盘、磁盘、光盘、ROM 及 RAM 等。

(5) 传输媒体(Transmission Medium)：指传输表示媒体的物理介质。例如，电缆、光缆等。

我们通常所说的"媒体"(Media)包括两点含义。一层含义是指信息的物理载体(即存储和传递信息的实体)——媒质，如书本、挂图、磁盘、光盘、磁带以及相关的播放设备等；另一层含义是指信息的表现形式(或者说传播形式)——媒介，如文字、声音、图像、动画、视频等。多媒体计算机中所说的媒体，是指后者——媒介。多媒体计算机不仅能处理文字、数值之类的信息，而且还能处理声音、图形、图像、动画、视频等各种不同形式的信息。本书中在以后谈到"媒体"未作特殊说明，均被视为后者——"媒介"。

多媒体一般理解为由文本、图形、图像、声音、动画、视频中两者及以上的多种媒体的综合。

2. 多媒体技术的定义与特点

多媒体技术(Multimedia Technology)是利用计算机对文本、图形、图像、声音、动画、视频等多种信息综合处理、建立逻辑关系和人机交互作用的技术。

多媒体技术主要有以下 5 个主要特点：

(1) 集成性：能够对信息进行多通道统一获取、存储、组织与合成。

(2) 控制性：多媒体技术以计算机为中心，综合处理和控制多媒体信息，并按人的要求以多种媒体形式表现出来，同时作用于人的多种感官。

(3) 交互性：交互性是多媒体应用有别于传统信息交流媒体的主要特点之一。传统信息交流媒体只能单向地、被动地传播信息，而多媒体技术则可以实现人对信息的主动选择和控制。

(4) 非线性：多媒体技术的非线性特点将改变人们传统循序性的读写模式。以往人们读写方式大都采用章、节、页的框架，循序渐进地获取知识，而多媒体技术将借助超文本链接(Hyper Text Link)的方法，把内容以一种更灵活、更具变化的方式呈现给读者。

(5) 实时性：当用户给出操作命令时，相应的多媒体信息都能够得到实时控制。

1.2.2 多媒体信息

信息作为一个科学术语被提出和使用，最早可追溯到 1928 年 R.VHartly 在《信息传输》一文中的描述。他认为，信息是指有新内容、新知识的消息。而迄今为止，信息有多种定义，信息的概念仍是仁者见仁、智者见智。2011 年又出现了"信息是反映事件(现象、确定性、属性、构成、关系和差别)的内容(东西)"的说法。为了更好地理解信息、多媒体信息，我们先引入数据与信息的关系。

1. 数据与信息

文本、图形、图像、视频、音频、动画等媒体在计算机中是以数据的方式进行存储的。数据是指某一目标定性、定量描述的原始资料，包括数字、文字、符号、图形、图像以及它们能够转换成的数据等形式。信息是向人们或机器提供关于现实世界新的事实的知识，是数据、消息中所包含的意义。信息与数据是不可分离的。信息由与物理介质有关的数据表达，数据中所包含的意义就是信息。信息是对数据解释、运用与解算，即使是经过处理以后的数据，也只有经过解释才有意义，才成为信息；就本质而言，数据是客观对象的表示，而信息则是数据内涵的意义，只有数据对实体行为产生影响时才成为信息。数据是记录下来的某种可以识别的符号,具有多种多样的形式,也可以加以转换,但其中包含的信息内容不会改变,即不随载体的物理设备形式的改变而改变。信息可以离开信息系统而独立存在,也可以离开信息系统的各个组成和阶段而独立存在;而数据的格式往往与计算机系统有关,并随载荷它的物理设备的形式而改变。数据是原始事实,而信息是数据处理的结果。

2. 多媒体信息的类型及特点

这里我们谈到的媒体是指 CCITT 对媒体分类中的第一类,即感觉类媒体。一般可将多媒体信息分为以下几类:

(1) 文本:以文字、数字和各种专用符号表达的信息形式,它是现实生活中使用得最多的一种信息存储和传递方式。用文本表达信息给人充分的想象空间,它主要用于对知识的描述性表示,如阐述概念、定义、原理和问题,以及显示标题、菜单等内容,是多媒体课件制作中传播信息的主要途径。常见的文件格式有 TXT、DOC、WPS、RTF 等。

(2) 图形:也称矢量图,一般指用计算机绘制的画面,如直线、圆、圆弧、任意曲线和图表等;在图形文件中只记录生成图的算法和图上的某些特点,数据量较小。常见的文件格式有 BMP、GIF、JPG、JPEG、PNG、TIFF、PICT、EMF、DXF、EMF 等。

(3) 图像:是指由输入设备捕捉的实际场景画面或以数字化形式存储的任意画面。它由像素排列而成,数据量较大。它除了可以表达真实的照片外,也可以表现复杂绘画的某些细节,并具有灵活和富有创造力等特点。图像是多媒体软件中最重要的信息表现形式之一,它是决定一个多媒体软件视觉效果的关键因素。常见的文件格式有 BMP、GIF、JPG、JPEG、PNG、TIFF、PICT、EMF、DXF、EMF 等。

(4) 声音:声音是人们用来传递信息、交流感情最方便、最熟悉的方式之一。它在多媒体课件中的应用一般可分为讲解、音乐、效果三类功能。常见文件格式有 WAV、MP3、CDA、MIDI、WMA、VOC 等。

(5) 动画:是指表现连续动作的图形或图像。它是利用人的视觉暂留特性达到一种动态的效果,既包括快速播放一系列连续运动变化的图形、图像,也包括画面的缩放、旋转、变换、淡入、淡出等特殊效果。动画可以把抽象的内容形象化,使许多难以理解的教学内容变得生动有趣。合理使用动画可以达到事半功倍的效果。常见的文件格式有 SWF、GIF、FLC、AVI 等,通常可以由 PowerPoint 软件以及平面、三维动画软件生成。

(6) 视频:视频具有时序性与丰富的信息内涵,常用于呈现事物的发展过程。视频非常类似于我们熟知的电影和电视,有声有色,在多媒体中充当起重要的角色。

常见的文件格式有 AVI、MPEG、MOV、WMV、MPG、DAT、FLV、F4V 等。

1.2.3 多媒体课件及其分类

1. 多媒体课件的定义

课件(Courseware)是根据教学大纲的要求，经过确定教学目标、教学内容、教学任务、教学活动、机构及界面设计等环节，而加以制作的课程软件。它与课程内容有直接联系。

多媒体课件是根据教学大纲的要求和教学的需要，经过严格的教学设计，并以多种媒体的表现方式和超文本结构制作而成的课程软件。它可以用来存储、传递和处理教学信息，进行人机交互操作，并能对学生的学习效果给予适当的评价和反馈。

2. 多媒体课件的特点

多媒体课件可以生动、形象地描述各种教学问题，增加课堂教学气氛，提高学生的学习兴趣，拓展学生的视野，近年来被广泛应用于各级学校教育、社会培训以及工作汇报等领域，是现代信息技术发展的必然趋势。

多媒体课件有如下特点：

(1) 表现力丰富：多媒体课件具有呈现客观事物的时间顺序、空间结构和运动变化形态的能力。它可以对宏观和微观事物进行模拟，引导学生去探索事物的本质及内在联系，将一些抽象的概念、复杂的变化过程和运动形态以内容生动、图像逼真、声音动听的教学信息呈现在学生面前，使原本艰难的教学活动充满了魅力。

(2) 交互性强：多媒体课件不仅可以在内容的学习使用上提供良好的交互控制，而且可以运用适当的教学策略，有针对性地指导学生的学习，并根据学生的反馈，及时调整教学进度、深度和广度，以确保学生对所学知识的理解和掌握，更好地体现出"因材施教的个别化教学"。

(3) 共享性好：信息技术、网络技术的飞速发展，多媒体信息得以自由、快速传输，使得教育信息及时地在全世界范围内进行交换和共享成为可能。利用网络，多媒体课件为教学资源提供最大限度地共享。多媒体课件在教学中的使用改善了教学媒体的表现力和交互性，促进了课堂教学内容、教学方法、教学过程的全面优化，提高了教学效果。

3. 多媒体课件的分类

多媒体课件根据应用的领域和作用可分为多种类型，不同类型的多媒体课件，对应不同的教学策略和应用领域。根据教学活动的特点，根据多媒体课件表现形式主要可分为以下几类：

(1) 课堂演示型：应用于课堂教学中，其主要目的是呈现教学内容及其规律，将抽象的教学内容用多种媒体形象地表现出来。

(2) 自主学习型：在多媒体网络环境下，学生利用网络进行个别化自主学习。

(3) 操练型：主要通过问题的形式来训练、强化学习者某方面的知识和能力。

(4) 资料工具型：学生在课余时间里，进行资料的检索或浏览，以获取信息，扩大知识面，如各种电子工具书、电子字典及各类图形、动画库等。

(5) 游戏型：寓教于乐，以游戏的形式教会学生掌握学科的知识和能力，并引发学生对学习的兴趣。

(6) 模拟型：用计算机模拟真实的自然现象或社会现象。

除了以上 6 类，还有积件型、综合型等。目前，应用较多的多媒体课件是针对具体学科内容设计的演示型课件。它支持以教为主的教学模式，以教师课堂教学的辅助手段出现，强调的是用于解决教学中的重点和难点。一般来讲，对于课程内容比较抽象、难以理解、教师用语言不易描述、需要学习者反复练习的内容等，在条件允许的情况下都有必要实施计算机辅助教学。特别注意要根据教学内容的特点，精心设计、制作多媒体素材，集图、文、声、像多种媒体的综合表现功能，有效调动和发挥学生学习的积极性和创造性，提高学习效率。

1.3 多媒体课件的设计原则

可以简单地认为，多媒体课件是以传递教学信息为目的的计算机软件，对它进行设计应遵循计算机软件的基本设计原则，并要结合教学的特点。设计时应遵循以下几项基本原则。

1. 教学原则

多媒体课件是为教学服务的，课件的内容和表现形式要符合教学规律，因此我们要依据教学理论和学习理论设计多媒体课件。课件设计人员要了解教育学、认知心理学、教学设计等方面的基本理论，用这些理论来指导课件的设计工作，具体要做到以下 4 点。

(1) 设计要符合教育的方针、政策，紧扣教学大纲，内容完整。

(2) 选题要恰当、直观、形象，突出重点，分散难点，深入浅出，利于学生理解知识。

(3) 课件在课堂教学中具有较大的启发性，促进学生思维发展、能力培养。

(4) 课件的演示要符合现代教育理念和学习者的认知规律。

2. 科学性原则

课件的科学性是课件评价的核心指标，在演示模拟实验时显得尤其突出。要做到课件设计具有科学性，必须注意以下 4 点。

(1) 课件中各种多媒体素材设计与选取适宜，内容科学、正确，形式合理、规范。

(2) 课件所表述的内容要准确无误，模拟仿真形象，举例合情合理。

(3) 课件中引用的资料正确无误，文档资料完备，操作说明完整。

(4) 语言文字应规范、简洁、明了。

3. 技术性原则

设计的多媒体课件要求图像清晰、色彩逼真、声音清楚、声画同步，视听效果好。要实现上述要求，需要注意以下 3 点。

(1) 课件的交互设计合理，智能性好。

(2) 课件在运行中无故障或对出现的故障有解决方法，容错能力强。

(3) 课件移植性能强，能跨平台工作。

4. 艺术性原则

多媒体课件具有丰富的表现性和感染力，能激发学习者的学习情感和动机，激发学习兴趣和提高审美能力。多媒体课件要达到上述效果，需要注意以下 4 点。

(1) 画面制作具有较高艺术性，整体风格相对一致，画面优美流畅。

(2) 声音清晰、无杂音、无干扰，对课件有很好的充实作用。

(3) 媒体多样化，选材适度，设置恰当，搭配合理，节奏适中。

(4) 构思新颖，界面讲究，富有创意，有利于调动学生学习的积极性和主动性。

除了上述所谈的 4 点设计原则，还应注意课件的操作简便、快捷，操作方式前后统一的使用性原则，以及以最小的代价获得最大的收获的经济性原则等。

1.4　多媒体课件的开发过程

对多媒体课件进行开发应遵循计算机软件的开发过程，并恰当地结合自身的特点。其开发过程主要包括以下 7 个步骤。

1. 需求分析

需求分析是明确课件开发的目的与要求，确定课件的教学对象、教学环境、教学内容、教学目标等，并规划课件开发的时间、项目成员组成与分工、项目经费等。在对课题选择进行需求分析时应注意以下 4 个方面。

(1) 教学需求分析：要分析所涉及学科的特点、教学的内容、教学的重点、教学的难点以及教学深度、广度与范围；要了解多媒体课件在该学科应用中的优势，并明确它在教学中所要实现的目的和达到的目标。

(2) 教学对象分析：开发课件之前应全面分析该课件的学习者的知识和能力特征，重点分析学习者的年龄、文化程度、学习能力、计算机操作能力和知识结构及其先前知识的状况。

(3) 运行环境分析：分析课件运行所需计算机硬件环境、软件环境以及课件播放的环境。

(4) 开发工具分析：根据课件的教学设计要求和教学模式，并结合不同开发软件的特点，确定课件制作所需的开发工具或软件。

2. 教学设计

对课件的教学设计应采用系统工程的分析方法，按照所教学的学科特点、结合教学目标和教学对象，对教材进行课时分配，找出课程或章节所涉及的各知识点，并将其划分为若干教学单元，对每个单元的内容进行设计，并确定各知识点之间和各教学单元之间的连接方法。对课件中采用的教学理论、学习理论以及教学模式进行恰当地设计，并且对采用何种媒体信息来呈现教学内容进行科学合理的设计。

例如，对教学单元间的层次结构的设计可以通过分析教学内容阐述教学，将教学内容分为一个个教学单元以及进一步再细分的知识点，形成一系列的学习子目标，并建立学习子目标间的逻辑结构和相互间的联系，生成学习目标的层次结构图。

3. 编写稿本

编写稿本是由学科教师根据教学大纲的要求，在教学与学习理论的指导下，按照教学的思路和要求对课件的教学内容进行描述的一种形式，是课件制作者开发课件的直接依据。稿本中应给出相应的教学信息、学习者的应答以及对应答的反馈信息等内容，并对屏幕上显示的信息给出详细的呈现方法与方式。例如，课件运行时所呈现信息与内容(文字、图像等)位置的排列、显示的特点(颜色等)和方法。

4. 页面设计

多媒体课件传递教学信息最终是通过页面(界面)的方式呈现的。页面设计也被称为屏幕设计或框面设计，它是课件设计最基本的工作单元。页面设计是根据教学单元的内容，确定教学信息在页面上呈现的具体内容与位置，设计是否合理直接影响学习者对学习内容的理解和掌握的效果。页面设计通常包括以下 3 个方面。

(1) 封面的设计：封面用于说明多媒体课件所包含的主要教学内容及该课件的使用方法等重要信息，它决定着课件总体设计是否合理、使用是否方便。

(2) 页面中超链接的设计：点击按钮或内容可以作为跳转的条件，它能从一个主题跳转到另一个主题，使知识点之间的逻辑关系、层次关系形成一个非线性的网状结构。

(3) 页面教学信息的设计：页面上显示的教学内容必须完整，且意义明确；显示的内容尽量呈现在屏幕中心，要引人注目、易于观看；每张页面布局合理，内容不宜过多，文字要求意义准确、精炼，一般不要超过 7 行；突出教学重点、难点，恰当地运用图像、视频和动画等媒体，合理搭配色彩，一般一个页面的颜色数量不要超过 4 种。

总之，页面要根据课件稿本的总体要求，并结合课件的需求分析与教学设计等因素设计。

5. 素材的准备

教学信息的呈现需要借助媒体信息实现，媒体信息是课件中至关重要的元素。脚本和页面设计完成后，接下来一项重要的工作就是素材的准备。素材是指课件中用到的各种视觉和听觉材料。根据对媒体信息的分类，我们把媒体素材划分为文本、图形、图像、动画、声音、视频等。其相关的准备工作主要包括文本的录入，图形、图像的制作与后期处理，动画的制作和视频的录制与剪辑等。媒体素材的选择要科学、合理，并使所呈现的教学信息能满足学生听得懂、看得清、记得牢的要求，以促进学习者的学习与提高学习效果为目标；不能为了用而使用多媒体素材，以至增加学习者的不必要的认知负荷，影响学习效果。

6. 课件系统的集成

利用多媒体课件创作工具或程序语言对各种素材进行加工，按照前面的教学设计所确定的课件结构和稿本设计的具体内容，将各种多媒体素材有机地整合在一起，生成交互性强、操作灵活、视听效果好的多媒体课件。

多媒体课件的制作工具很多，较常用的有 PowerPoint、Authorware、Flash、ToolBook、FrontPage、Dreamweaver、方正奥思、多媒体大师等。还有一些专用的课件开发系统，如北大的 CAI 课件开发平台，清华大学的通用型 CAI 课件写作系统等。

7. 课件的测试与发布

课件开发完成后，要对其进行全面的测试与评价。因为在课件的开发过程中，尤其是大型的课件的开发过程中，难免会存在一些疏漏或者逻辑错误，比如课件中有错别字，交互造成死循环等。因此，课件开发完成后还需要进行全面的测试与评价。测试主要是查看课件的教学单元设计、教学系统设计、教学目标等是否符合要求，并对课件信息的呈现、交互性、教学过程控制、素材管理等进行测试，以及测试其跨平台使用的情况，并随时纠正存在的错误。

经过全面的检查，测试无误后就可以将课件交付试用考验，以便进一步地完善修改。课件经过试用期以后，最终确定了多媒体课件教学设计、程序设计和素材设计等，就可将此多媒体课件制作成产品进行发布，以交付使用。

思考与练习

(1) 什么是 CAI？请简述 CAI 的系统构成。

(2) 多媒体课件的设计原则有哪些？

(3) 请简述多媒体课件的制作过程。

(4) 思考如何利用课件开发软件，设计并开发一个简单的"自荐书"课件。(说明："自荐书"是大学毕业后用于向用人单位递交的求职自我推荐书)

第 2 章 多媒体素材的采集与编辑

多媒体素材是指课件中使用的各种视觉和听觉材料。根据媒体素材信息类型的特点，可将其分为文本、图形、图像、声音、视频和动画等。有关媒体素材的采集与编辑是多媒体课件制作过程中最基本且最重要的工作，同时也是一项比较繁杂的工作，这是由多媒体信息的特点所决定的。

2.1 文本素材的采集与编辑

2.1.1 文本素材的采集

在计算机中，文字、数值和符号都是用二进制编码表示的，文字信息、数值信息、符号信息统称为文本信息。文字是人类用来记录语言的符号系统，是书写的视觉表义符号。在多媒体课件中，文本是信息传递的形式，是传递教学信息的主要载体。有关文本信息的采集主要有以下 2 种方法。

1. 输入法

输入法是课件制作中采集文本信息的最常用和最主要的方法，通常可以分为以下几类。

1) 键盘输入法

通过键盘，直接输入文本信息；它是文本信息输入中最常用的输入法，通过键盘，可以将英文字母、数字、标点符号等输入到计算机中。该输入法要求输入者对键盘较熟悉，并掌握一定的键盘输入技巧。

2) 手写输入法

手写输入是指在手写设备上书写时产生的有序轨迹信息转化为汉字内码，通过内部的识别系统把手写的各种字体转换为可识别的标准字体并显示在屏幕上的过程。实际上是手写轨迹的坐标序列到文本内码的一个映射过程，是人机交互最自然、最方便的手段之一。它主要适用于不习惯键盘操作的人群或不便于键盘操作的场合。随着智能手机、掌上电脑等移动信息工具的普及，手写识别技术也进入了规模应用的时代。

3) 语音输入法

语音输入是通过计算机中的音频处理系统(主要包括声卡、麦克风等硬件系统和相关的软件系统)，采集处理人的语音信息，再经过语音识别软件进行加工、处理，将说话内容转换成对应的文字完成输入。微软的 Office 2003 以上版本的 Word 都具有语音输入功能。该项输入法对人的发音的准确性和稳定性有一定要求。由于汉语的同音字太多，在使用麦克风进行录入时，可能会打出我们并不想要的同音汉字，这时建议用户最好以词组的方式进行说话，毕竟同音词相对较少。所以，有的软件也像其他输入法一样提供了自定义。

4) 光学字符识别(Optical Character Recognition，OCR)输入法

光学字符识别输入是指用扫描仪等将印刷文字以图像的方式扫描到计算机中，再用 OCR 文字识别软件将图像中的文字识别出来，并转换为文本格式的文件，完成文本信息的输入。目前，常见的软件有汉王 OCR、清华紫光 OCR、尚书 OCR 等。

2. 复制、粘贴法

在制作多媒体课件时，常常会涉及并引用一些概念、定义、分类等。这些需要引用全面、准确且具有权威性的信息资料，对于陌生领域的知识，通常要求我们通过互联网进行搜索、查找。当采集需要的信息时，我们引用它们最常用的方法便是复制和粘贴。

需要注意的是，网络上的信息非常丰富，但也真伪同存，我们要做到去伪存真，力求所搜索到的信息正确、准确和具有权威性。

总之，文本素材的采集方法多种多样，但不论采取什么途径均要求素材正确、准确。

2.1.2 文本素材的编辑

在课件制作中，对文本素材的编辑一般涉及文本素材的内容和形式两个方面。

1. 内容的编辑

在多媒体课件中，文本应正确、准确、言简意赅、符合课件教学要求。这需要具有一定的文学功底和相关的专业知识。

2. 形式的编辑

有关形式的编辑主要涉及以下两个方面。

1) 基本格式的编辑

它主要涉及文本的版面布局格式与风格，文字的字体、字号、风格、颜色、定

位，以及图文混排的处理。

2) 艺术性编辑

根据课件所涉及的学科特点、教学对象以及创作意图的不同，课件中会对文本的艺术性有不同的要求。一般对文本的编辑可采用 Word 中的艺术字库，或者使用专业软件对文字进行编辑达到需要的艺术效果，如阴影、浮雕、内发光、颜色渐变、三维立体感等效果。目前，常用的软件有 Photoshop、COOL 3D 等。

注意：如果课件需要跨(换)平台使用，而课件在基本的格式编辑中使用了某种特殊的字体时(即一般计算机中没有的字体)，则需要将该字体同课件一起拷贝到新的平台。例如，在 A 计算机上用 PowerPoint 制作了一个课件，其文字字体为小篆。当该课件被拷贝到字库中没有小篆的 B 计算机上运行时，会提示找不到"小篆"体，而影响课件原本的呈现效果。

2.1.3 文本素材的采集与编辑实例

实例说明：为求职者制作求职《自荐书》，要求使用软件 Photoshop CS 8 录入并编辑"自荐书"三个字，其效果如图 2-1 所示，具体操作步骤如下：

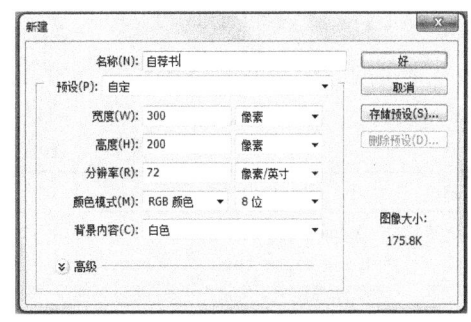

图 2-1　"自荐书"效果图　　　　图 2-2　【新建】属性设置

(1) 新建：运行 Photoshop CS 8 软件，点击【文件】菜单中的【新建】(300 像素×200 像素、分辨率 72 像素/英寸、颜色模式 RGB、8 位颜色、背景内容为白色，并确定，图 2-2)。

(2) 采集文字：新建"图层 1"，点击【横排文字工具】(字体为华文琥珀，字号为 60 点，消除锯齿方法为锐利，颜色为黑色)，在合适的位置点击鼠标，并输入"自荐书"。

(3) 编辑文字：选中"图层 1"，点击【图层】菜单，在下拉菜单中选择【图层样式】，并将样式设为投影、外发光。

(4) 保存：点击【文件】菜单下的【存储为】选项，选择文件存储格式为 JPEG(或自定义)，输入文件名"自荐书"并保存。

2.2 图像素材的采集与编辑

图形、图像是多媒体课件中广泛使用且非常重要的多媒体元素，它能直接再现事物本身，变抽象为直观，帮助学习者分析、理解学习内容。正如古老的谚语所说的"一幅图胜过千言万语"。

从多媒体技术的角度看，计算机图形与图像有着不同的定义，但两者在本节中所涉及的内容却十分类似。因此，为了内容的组织和介绍的方便，我们将它们统称为图像。

2.2.1 图像素材的采集

图像素材因其文件的编码不同，存储格式也不同，导致同一内容的图像有着不同的特点，比如文件数据的大小、颜色的饱和度以及跨平台的交换等。

1. 图像文件的格式及特点

常见的图像文件的格式及特点如表 2-1 所示。

表 2-1　图像文件的格式及特点

格式	文件概述	文件特点
BMP	Bit Mapped 的缩写，位图图像的普遍存储格式，扩展名是 bmp，由 Microsoft 公司开发。全彩色(24 位)的图像存储时只能采取不压缩方式，而其他色彩模式可以选择压缩和不压缩两种方式。	优点：BMP 文件支持 1 位到 24 位颜色深度，其格式与现有 Windows 程序广泛兼容。 缺点：不支持压缩的全彩色图像文件数据非常大；不支持减色(CMYK)或双色调彩色图像。
DIB	Device Independent Bitmap 的缩写，扩展名是 dib，是一种类似于 BMP 图像的文件格式，描述图像的能力与 BMP 图像基本相同。	优点：能够运行在多种硬件平台上，常见的各种 PC 图形图像软件都能够对其进行处理。 缺点：文件数据量较大。
GIF	Graphics Interchange Format 的缩写，扩展名是 gif，采用改进版的 LZW 压缩方式，是由 CompuServe 公司为了方便网络传送图像数据而制定的一种图像文件格式。(注：本节只介绍其静态图像文件部分)	优点：GIF 广泛支持 Internet 标准；支持无损耗压缩和透明度；该格式对颜色较单调的图形可以大幅度降低文件数据量。 缺点：GIF 只支持 256 色调色板，因此，详细的图片和写实摄影图像会丢失颜色信息，而看起来却是经过调色的；在大多数情况下，无损耗压缩效果不如 JPEG 格式或 PNG 格式；GIF 支持有限的透明度，没有半透明效果或褪色效果(例如，alpha 通道透明度提供的效果)。

续表

格式	文件概述	文件特点
JPEG	Joint Photographic Experts Group 的缩写,扩展名是 jpg,是最为常见的一种压缩图像文件格式。对于图像精度要求不高,需要存储大量图像文件的场合(网站),JPEG是最佳选择。但切记它是一种有损压缩文件格式,在存盘时会有一个压缩比(图像质量等级)的选择,若要求图像质量高,请选择高质量(High8 以上)图像压缩方式,图像数据量会相对较大;反之,文件数据量变小了,但图像质量也会大大降低。在 Format Option 中有 3 种选择:标准、优化和渐进。其中渐进方式是针对网页显示的,我们可以设置渐进显示的等级。用标准方式显示当前压缩比、文件数据量大小,以及通过相应网络传输速度所需要的时间。	优点:JPEG 能够轻松地处理 16.8M 种颜色,可以很好地再现全彩色的图像;文件规模小于 GIF,同时 Photoshop 还提供了一个滑动控制,允许在最小文件数据量(最低图像质量)和最大文件数据量(最高图像质量)之间选择;文件数据量较小,下载速度快,使得 Web 页有可能以较短的下载时间提供大量美观的图像;摄影作品或写实作品支持高级压缩;利用可变的压缩比可以控制文件数据量的大小;JPEG 广泛支持 Internet 标准。 缺点:有损耗压缩会使原始图片数据质量下降。这种下降是累积性的;JPEG 不适用于所含颜色很少、具有大块颜色相近的区域或亮度差异十分明显的较简单的图片。
PICT	PICT 是苹果公司开发的 32 位图元文件格式,专用于不同的软件间传递图形的文件格式,这种格式也可以包含矢量文件格式的图形。主要用于麦金塔电脑(Macintosh)平台,文件扩展名是 pict,在许多多媒体编辑软件、演示软件、数字化视频编辑软件中,它是一种标准格式。	优点:PICT 文件既可以保存向量数据,又可以保存光栅数据,支持黑白、灰度和 RGB 彩色图像,是 Macintosh 计算机屏幕显示的最佳文件格式。 缺点:在平台间移动它们时,字体可能显示得不正确;必须安装 QuickTime 才能正确查看某些 PICT 文件;但不支持 CMYK 彩色和半色调图像;用于打印、印刷输出的图像不能保存为 PICT 文件格式。
PNG	PNG 是 Portable Network Graphics 的缩写,著名的 Macromedia 公司的 Fireworks 软件默认使用这种格式。PNG 是一种新兴的可移植网络图形格式,专门针对网页设计的一种无损压缩图像文件格式。它结合了 GIF 和 JPEG 的优点,具有存储形式丰富的特点。	优点:支持高级别无损耗压缩;支持 alpha 通道透明度;支持伽玛校正;支持交错;受最新的 Web 浏览器支持;可以保存 1~16 位的灰度图、24 或 48 位的 RGB 彩色图,还可以保存索引颜色图。该格式的图片与背景图片可以很好的融为一体。 缺点:较旧的浏览器和程序可能不支持 PNG 文件;作为 Internet 文件格式,与 JPEG 的有损耗压缩相比,PNG 提供的压缩量较少;作为 Internet 文件格式,PNG 对多图像文件或动画文件不提供任何支持。
TGA	Tagged Graphic 的缩写,这是由 Truevision 公司开发的一种位图图像格式,文件扩展名是 tga,该文件格式是光线跟踪算法产生的高质量图像的常用存储格式。	优点:广泛用于 PC 平台的高级作图和视频编辑应用软件中;大部分文件为 24 位或 32 位真彩色,按行进行压缩、存储,并且 32 位真彩色图像文件可以包含 alpha 通道信息;TGA 格式结构比较简单,属于一种图形、图像数据的通用格式,是采集、输出电视图像,或者计算机生成图像向电视转换的首选格式。 缺点:文件数据量大。
TIFF	Tag Image File Format 的缩写,是可压缩保存的格式,文件扩展名是 tif,是 Aldus 公司在早期苹果机上开发的,但现在已成为跨平台应用最为广泛的图像文件格式。	优点:TIFF 是广泛支持的格式,它支持 alpha 通道,支持可选压缩,可扩展格式支持许多可选功能;TIFF 可以存储为位图、灰度图、RGB 彩色图像、CMYK 彩色图像、CIElab 彩色图像。 缺点:TIFF 文件不支持图层,不能存储双色调图像;不受 Web 浏览器支持;可扩展性会导致许多不同类型的 TIFF 图片;并不是所有 TIFF 文件都与所有支持基本 TIFF 标准的程序兼容。

2. 图像素材的采集

图像素材的来源大致可以分为两类：一是纸质图像等印刷材料；二是数字化的图像材料。因此，有关采集的方法有以下 2 种。

(1) 印刷材料：该类图像素材可以通过扫描仪、数码相机、有照相功能的手机等将印刷类素材进行扫描，转换为数字化信息，传输并存储在计算机中进行加工处理。

(2) 数字化材料：该类图像素材一般存储于本地计算机、网络(远程)服务器(计算机)、光盘等数码存储设备中。这些素材的采集可以通过复制、粘贴的方式进行。

以上所涉及的印刷材料或数字化材料可以是已有的他人制作的素材，也可以是运用相关的设备和工具自己设计制作的。在制作课件时，当需要采集计算机屏幕(或当前活动的窗口)的图像时，可以使用键盘上的 Print Screen 键(或 Alt + Print Screen 组合键)；课件或电子书中的图像素材的采集可以利用专业的抓图软件，如红蜻蜓抓图精灵、SnagIt 等；采集视频中的图像素材可以利用专业的视频抓图软件或视频播放器，如超级解霸、Media Player Classic、东方影都、金山影霸等。

2.2.2 图像素材的编辑

制作课件所需的图像素材采集完成后，接下来要做的就是对其进行加工处理，即编辑。图像素材编辑的目的主要是为了主题的需要，使图像更切合主题并在内容和形式上做出合理的加工处理。

1. 图像编辑的流程

(1) 根据课件主题的需要，筛选采集的图像，让图像符合主题表达的需要。

(2) 结合设计者的意图，设计图像效果，让图像表达意图。

(3) 根据图像所需效果，选择恰当的编辑软件或工具。

(4) 利用所选的图像编辑软件，完成图像效果的加工处理。

(5) 根据表达的需要，并结合不同图像格式的特点，选择恰当的格式并进行存储。

2. 图像的编辑

有关图像的编辑主要考虑两个方面的工作：一是图像的内容；二是图像的形式。

(1) 图像内容的编辑：主要根据课件的主题和作者所要表达的意图进行设计与加工处理。

(2) 图像形式的编辑：主要涉及图像的大小、颜色的搭配、旋转、羽化等效果的处理。

有关图像编辑的软件很多，目前功能强大、常用的图像编辑软件有 Photoshop、AutoCAD、CorelDRAW 等。

2.2.3 图像素材的采集与编辑实例

实例说明：为求职者制作求职《自荐书》的封面，要求在 PowerPoint 课件的首页插入 Photoshop CS 8 制作的"自荐书"图片，并利用该软件对图片进行加工、编辑，使图片自然地融入幻灯片首页(有背景，图 2-3)中，其效果如图 2-4 所示，具体操作步骤如下：

图 2-3　幻灯片首页的背景图片　　　　图 2-4　图像插入背景图片中的效果

(1) 采集图像：根据"2.1.3 文本素材的采集与编辑实例"所学，在 Photoshop CS 8 软件环境下制作出图像素材，效果如图 2-1 所示。

(2) 编辑图像：在 Photoshop CS 8 软件环境下，在图像的背景图层上右击鼠标，在弹出的快捷菜单中选择【删除图层】，过程及效果图分别如图 2-5、图 2-6 所示。

(3) 保存：点击【文件】菜单下的【存储为】选项，选择文件存储格式为 PNG，输入文件名并保存。

 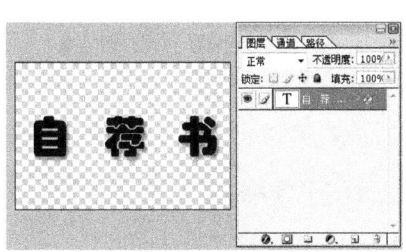

图 2-5　删除图像背景过程图　　　　图 2-6　删除图像背景的效果

注意：如果文件在存储时格式存为 JPEG，则导入 PowerPoint 首页的效果如图 2-7 所示。

图 2-7　图像插入背景图片中的效果

声音可以是表达思想交流的语言、抒发感情的音乐和使人身临其境的效果声。在多媒体课件中，它能弥补图画、文字等视觉媒体元素的不足，使课件的内容得到渲染、强化和有力的补充，是多媒体课件制作中重要的媒体元素。

2.3　声音素材的采集与处理

2.3.1　声音素材的采集

1. 声音文件的格式

1) WAVE 格式

WAVE 或 WAV 是 Microsoft 公司开发的一种基于 Windows 平台的声音文件格式，没有设置版权保护，用于保存 Windows 平台的音频原声音效果信息资源，被 Windows 平台及其应用程序广泛支持，是 PC 机上最为流行的声音文件格式，也可以跨多种平台使用。WAVE 格式的声音文件无压缩，声音质量好，但其容量较大，每分钟的音频需占用约 10MB 的存储空间。在多媒体课件制作中，Windows 附件中的"录音机"程序录制讲话的声音文件就是 WAVE 格式。WAVE 格式文件一般直接使用在声音质量要求高且所用声音片断较短的场合。

2) MP3 格式

MP3，即 MPEG Audio Layer3，是 MPEG(moving Picture Experts Group 运动图像专家组)格式中的音频格式部分。MP3 格式声音文件具有高压缩比、低带宽、声音失真小等优点。MP3 压缩率一般为 10:1 或更高,是制作多媒体光盘作品和基于 Web、intranet 的在线作品中通常使用的声音文件格式。

3) SWA 格式

SWA 格式,即 Shockwave Audio 格式。与 MP3 格式的声音文件相比,SWA 格式的声音同样具有高压缩比、低带宽、声音失真小等优点,很适合在网络上播放。

4) VOX 格式

VOX 格式是 Authorware 提供的 Voxwave Encoder 编码器将 WAVE 格式声音文件转换而来的一种声音文件格式。VOX 格式具有比 SWA 格式更高的压缩比,但是声音质量较差,在实际多媒体课件制作中很少使用。

5) AIFF 格式

AIFF 全称为"Audio Interchange File Format"(音频交换文件格式),它是苹果计算机公司开发的一种声音文件格式,被 Macintosh 平台及其应用程序广泛支持,同时也可在 Windows 平台使用,但在 PC 平台上并没有得到很广的流行。在实际多媒体课件制作中,AIFF 格式声音文件也很少使用。

6) PCM 格式

PCM 格式,是指模拟音频信号经过模数转换(A/D 变换)而形成的二进制序列格式。在实际多媒体课件制作中,一般不使用 PCM 声音格式文件。

建议:在多媒体课件制作时,尽量使用 MP3 和 SWA 格式的声音文件。

2. 声音文件的采集

在制作多媒体课件时往往需要根据自己所开发的课件的实际情况,去采集和加工音频素材。数字音频的来源很广泛,采集方法复杂多样,下面将不同来源的声音及其相应的采集方法分 3 类作简要介绍。

(1) 自然界的声音,如人的声音、动物的声音,以及物体间的碰撞、摩擦声等。

采集方法:此类声音的采集可通过麦克风、声卡及录音软件的配合来完成。让麦克风与计算机音频卡的 MIC(麦克风)接口连接,通过录音软件的正确设置(详情见下面"操作说明"),让麦克风采集音频信号,经过声卡采样、量化后将音频数据存储到计算机中。

(2) 各存储介质中的模拟声音,如磁带、录像带、CD、VCD 中的音频信号等。

采集方法:此类声音的采集可通过放音和放像设备,用转接线将音频信号通过声卡中的 Line in(线路输入)接口,通过录音软件的正确设置,经过声卡采样、量化后将音频数据存储到计算机中。

(3) 数字音频素材,如数字化后的声音素材光盘、本地计算机里的音频文件、局域网中的音频文件及 Internet 网络中的音频文件。

采集方法:对于数字化声音的素材光盘、本地计算机和局域网中数字化声音可以分别用光驱打开或文件共享等方法进行复制,并拷贝到目标计算机中。需要说明的是,最大的资源应是互联网上专门提供数字音频的网站,在获得授权的情况下,可以将其下载到目标计算机中。不过有的网站不提供下载,仅提供在线试听,对于这种情况,我们可以利用录音软件对在线音频数据进行录音采集,同样需要注意版权问题。

操作说明:根据以上 3 种不同声源,录音软件(数字音频的后期处理中有介绍)在使用前,需要对 Windows 操作系统(本节是基于 Windows XP 系统环境)的"录音控制"面板有不同的设置。第 1 种情况,选择"麦克风"(Mic);第 2 种情况,选择"线路输入"(Line in);第 3 种情况,选择"Stereo Mix"(立体声)或"Mono Mix"(单声道),如图 2-8 所示。需要注意的是:第 3 种情况同时会录下麦克风(Mic)和线路输入(Line in)声源的声音。为了避免这种情况,我们需要将"麦克风"(Mic)和"线路输入"(Line in)的音量控制设为静音,如图 2-9 所示。

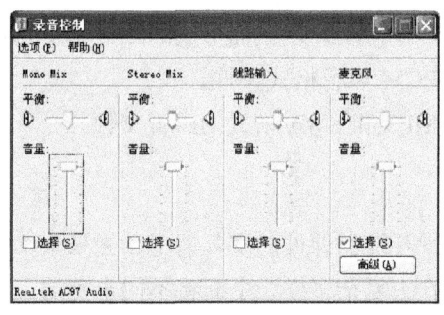

图 2-8 "录音控制"面板

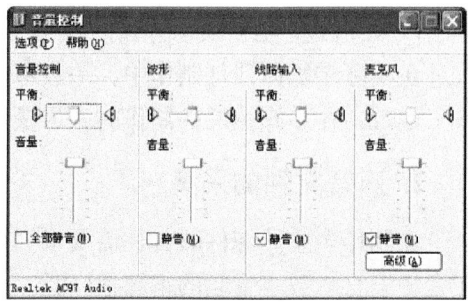

图 2-9 "音量控制"面板

建议:声卡配置为采样频率达到 44.1kHz,采样精度达到 24bit。录音时,我们可以在录音软件中对采样量化值分别设为 11.025kHz~44.1kHz 和 8~24bit。对于语音等音质要求不是很高的音频,我们选择低采样和量化值,这样可以使音频文件较小,节省空间;反之,则选择更高的采样量化值,这样文件会占用更多的空间。设计者可根据课件的具体需要选择合适的采样量化设置。

掌握了声音的采集途径与方法后,还需要了解声音采集软件。目前,声音的采集、编辑软件数量繁多，功能也参差不齐，应用最简单的首推 Windows 系统自带的录音机。此外，功能强大、操作简单的还有 GoldWave、Cool Edit、Sound Forge Studio 等。

2.3.2 声音素材的编辑

各种声源产生的声音输入计算机中完成声音的采集后，要符合课件要求，通常还需要应用音频编辑软件对声音素材进行编辑，编辑主要涉及的内容有声音的加减速、升降调、增减音量、增减回音和混响等效果的修饰，以及格式的转换等，形成 WAV、MP3 等课件开发软件所支持的音频文件，以备使用。

对声音素材的编辑往往和编辑软件联系在一起，不同的声音软件的编辑功能和方法各不相同，在这里我们简单介绍两款录音软件及其功能，以方便课件开发时结合所需编辑工作进行选择和操作。

1. Windows 系统自带的录音机

适用条件：对时间较短的音频(一般小于 60 秒)进行录音，并且只需要对音频进行简单的效果处理。例如，加大(减小)音量、声音的加(减)速、添加回音、反转以及删除某一声音片断等简单的编辑工作。

2. Cool Edit Pro 音频编辑软件

Cool Edit Pro 是一款专业音频处理软件，是数字影音录制器、编辑器及混合器，它最高能混合 64 个音轨，可以对 2GB 以下文件及 25 种以上文件格式做录制、播放、转换、编辑等。它的声效包括混响效果、多次敲击延迟、3D 环绕效果、合音效果、失真效果等，功能非常全面。

2.3.3 声音素材的采集与编辑实例

实例说明：为求职者的电子版《自荐书》配音，要求利用一款音频编辑软件进行录音操作，内容是关于自我介绍，并将该声音素材进行降噪音处理等编辑，然后保存为 MP3 格式,具体操作步骤如下(本例操作与图形界面是基于 Windows XP 系统，录音软件为 Cool Edit Pro 2-1)。

1. Windows 操作系统的录音设置

对【录音控制】面板设置选择【麦克风】(Mic)，如图 2-8 所示。

2. 声音素材的采集

运行录音软件 Cool Edit Pro 2-1，点击【Record】按钮并开始配音，如图 2-10 所示。

3. 声音的编辑

对录制的配音进行测试，主要监听其声音素材的正确性、音质、音量、回音、混响等效果，并根据需要进行加工，符合要求后，点击【File】，选择【Save As…】存储的格式(MP3)、命名并保存，如图 2-11 所示。

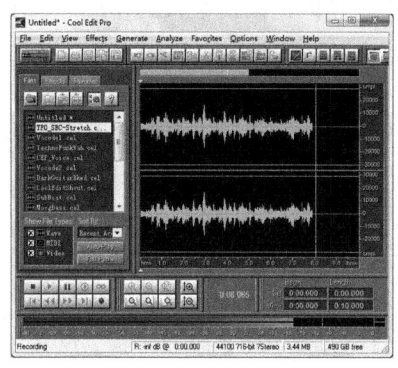

图 2-10 声音的采集

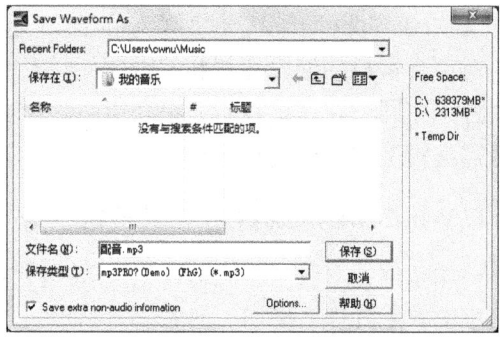

图 2-11 声音的保存

注意：在录音过程中要尽量做好对录音环境中噪音的控制以及后期利用声音编辑软件对素材噪音的加工处理，但不要因为编辑软件有降噪功能就可以忽视环境或电流等噪音因素的干扰，因为过多的降噪会损失有用的音频信息。

2.4 视频素材的采集与编辑

认知心理学对记忆率的研究发现，学习同样的材料，学习者通过视觉和听觉的组合与单一媒体相比可以获得更高的学习效率。美国教育学者研究多媒体教学后发现，"我们从视觉获得 80%的知识，但仅记住了它的 11%，听觉与视觉的组合可以获得更高的效率，使记忆力上升到 50%。" 正因如此，声画并茂的视频媒体成了各类优秀课件不可或缺的重要元素。

2.4.1 视频素材的采集

视频媒体在课件中有着非常重要作用，然而任一多媒体课件的开发软件都会对视频媒体的格式有所要求，这使得我们在视频素材的采集和加工都需要特别注意。

1. 视频媒体的格式及其特点

1) MPEG 文件

MPEG(Moving Pictures Experts Group，动态图像专家组)是一种动态图像和声音的压缩标准，该文件扩展名为 mpg，该格式具有压缩率高的特点。但要使用该格式的数字化电影文件，必须保证系统中正确安装了下列三组件之一：Microsoft Active Movie、MPEG 软件解码器或 MPEG 硬件解码器及其驱动程序。

2) Director 文件

由 Macromedia Director 软件制作，Director 可以根据开发人员的需要输出多种格式的文件，其中最常用的格式当属 dir 文件以及加以保护的 dxr 文件，其扩展名分别为 dir、dxr。如果该数字电影文件具有交互性，还可以将这种交互性植入 Authorware 程序中，用户可以通过鼠标、键盘或触摸屏等直接与数字化电影交互。

3) AVI 格式文件

AVI 是英文 Audio Video Interleaved 的缩写，即音频视频交错格式，其扩展名为 avi。"音频视频交错"是指将视频和音频交织在一起同步播放。这种视频格式的优点是图像质量好，可以跨多个平台使用；其不足是数据量过于庞大，且压缩标准不统一。最普遍的现象就是高版本 Windows 媒体播放器播放不了早期编码的 AVI 格式视频，而低版本的 Windows 媒体播放器又播放不了最新编码编辑的 AVI 格式视频。由此会导致在播放 AVI 格式的视频时，由于视频的编码问题而造成视频不能播放，或播放过程中不能调节播放进度，又或者在播放时只有声音没有图像等此类问题，如果用户在进行 AVI 格式的视频播放时遇到了上述问题，可以根据软件提示，下载安装相应的解码器来解决。

4) WMV 格式文件

WMV 是 Windows Media Video 的缩写，它是由微软公司推出的采用独立编码方式且可以直接在网上实时观看视频文件的压缩格式，其扩展名为 wmv。这种格式的文件主要优点有支持本地或网络回放、可扩充的媒体类型、部件下载、可伸缩的媒体类型、流的优先级化、多语言支持、环境独立性、丰富的流间关系以及扩展性等。

5) QuickTime for Windows 文件

由苹果公司开发的一种用于 Windows 环境下的数字化电影，其扩展名为 mov。

6) RM 格式文件

RM 格式是 Real Networks 公司开发的一种流媒体视频文件格式,其扩展名为 rm。它可以根据网络数据不同的传输速率制定不同的压缩比率,从而实现低速率的 Internet 上进行视频文件的实时传送和播放。这种格式的一个特点是用户使用 RealPlayer 或 RealOne Player 播放器播放时,可以在不下载音频、视频内容的条件下实现在线播放。RM 和 ASF 格式二者各有所长,一般 RM 视频相对柔和,而 ASF 视频则要相对清楚一些。目前,由 RM 视频格式升级延长出了新的视频格式——RMVB 格式,这种格式在保证平均压缩比的基础上合理地应用了比特率资源。比如,一部大小为 800MB 左右的 DVD 视频转录成同等视听品质的 RMVB 格式时,其数据量可以减小到 400MB 左右。

7) Autodesk Animator、Animator Pro 及 3D MAX 文件(扩展名为 flc、fli、cel)

它是由 Autodesk 公司的动画制作软件制作的数字化电影。

8) 位图序列(扩展名为 bmp、dib)

Authorware 中可使用的一种视频文件格式,它是由一连串的位图组成数字电影,这些位图必须保存在同一文件夹下,且文件名编号连续,选第一个位图文件作起始帧后,Authorware 加载剩余的位图文件构成一个数字化电影。位图文件必须使用未经压缩的 8bit(即 256 色)文件。该类位图序列可由 Windows 画图软件或 Adobe Photoshop 制作。

注意:以 Authorware 课件开发软件为例,在以上格式的视频素材中,仅 FLC、FLI、CEL 及位图序列格式在导入后保存在程序文件内部,而其他格式,程序中仅保存指向它们的连接指针。

2. 视频素材的采集

我们提倡在课件创作中尽可能地使用自己原创的视频素材,但如果受开发经费、技术或时间等条件的限制,这样做可能会很耗费资源,且不一定能达到预期的效果,那么有时我们也可以利用互联网上丰富的开放资源(要考虑版权问题)或购买相关的视频素材。因此,对视频素材的采集一般有两种方式。

(1) 对模拟的视频信号使用外部采集的方式,如通过视频采集卡将摄像机、录像带等模拟信号的视频材料通过模数转换存储到计算机中。

(2) 对本地硬盘、远程服务器(网络资源)、数字光盘等存储的数字化视频素材使用复制、粘贴的方式进行采集。

2.4.2 视频素材的编辑

在教学中,视频擅长将抽象的教学知识可视化,其独有的表现力有助于将教学内容和知识具体化、直观化,同时也能调节课堂气氛,吸引学生注意,提高教学效率。要做到这一点,课件开发者必须对视频素材有较强的加工与运用能力。前面我们介绍了视频素材采集的相关知识,接下来对视频素材的编辑进行介绍。

1. 视频素材的编辑分类

视频素材的编辑从操作的繁杂程度上一般可分为如下 2 类。

1) 初级视频编辑

初级视频的编辑仅仅涉及视频素材片段的剪接、淡入淡出、格式转换等工作,典型的编辑软件有格式工厂、曦力音视频转换专家等。

2) 高级视频编辑

高级的视频编辑工作涉及视频素材内容的编辑,如在视频中处理图像文件和制作动画、使用视频、音频特效滤镜、配字幕、配音、效果渲染等数字化非线性编辑,典型的编辑软件有 Video Studio(会声会影)、Premiere 等。

2. 视频编辑软件简介

相关的编辑工作根据不同的视频编辑软件操作会有所不同,对视频素材进行初级编辑时我们常用曦力音视频转换专家,下面对它进行简单的介绍。

当视频文件不属于课件开发软件所支持的视频媒体格式时,我们需要进行格式转换。

"曦力音视频转换专家"支持将几乎所有格式的音视频文件转换为 AVI、MPEG 等格式,基本操作流程为:①选择预置方案(选择输出视频的格式标准);②添加文件(添加需要编辑的视频文件);③开始转换(即可生成预设的视频文件)。软件主界面如图 2-12 所示。

在大多数情况下,现有的视频素材不会完全符合课件内容的需要,对此,需要做简单的视频编辑,这项工作对于从未接触过视频编辑的人来说,不论是心理还是操作都是一个很大的挑战。然而"曦力音视频转换专家"让这一切编辑操作变得很简单、容易,图 2-13 所示的各操作图标从左到右分别是添加文件、移除文件、剪辑、合并、编辑效果、增加输出方案、开始转换、暂停转换和停止转换。

图 2-12　软件主界面

图 2-13　视频初级编辑常用工具按钮

2.4.3　视频素材的采集与编辑实例

实例说明：生物课件中需要一段 30 秒野生动物的视频材料，要求将光盘中的视频媒体文件 Wild life-wmv 采集到计算机中，进行裁剪编辑，尺寸规格为 1200 像素×700 像素、时间为 20 秒,文件输出格式为 MPEG4,具体操作步骤如下(基于 Windows 7，视频编辑软件为曦力音视频转换专家旗舰版)。

1. 视频素材采集步骤

读取视频素材光盘，查找 Wild life-wmv 视频文件，然后将其复制，并粘贴到计算机存储器中，即完成视频素材的采集。

2. 视频素材的编辑步骤

(1) 运行曦力音视频转换专家旗舰版，主界面如图 2-12 所示。

(2) 单击【预置方案】选项框，即选择需要转存的目标文件格式为高清 MPEG4。

(3) 单击【添加文件】按钮,在弹出的【打开一个或多个文件】对话框中选择计算机中 Wild life-wmv 文件,并单击【打开】按钮,视频导入后界面如图 2-14 所示。

(4) 单击【剪辑】按钮,在弹出的【剪辑】对话框中分别对设置起点、设置终点进行编辑,将视频剪辑为 20 秒,视频剪辑编辑如图 2-15 所示。

(5) 单击【编辑效果】按钮,在弹出的【效果】编辑框中设置视频的尺寸规格为 1200×700(像素),视频裁剪编辑如图 2-16 所示。

(6) 单击【开始转换】按钮,视频素材则根据编辑的输出格式、视频时间、播放规格进行转换,并保存在输出目录中,视频转换如图 2-17 所示。

图 2-14 视频素材的导入

图 2-15 视频剪辑

图 2-16　视频裁剪

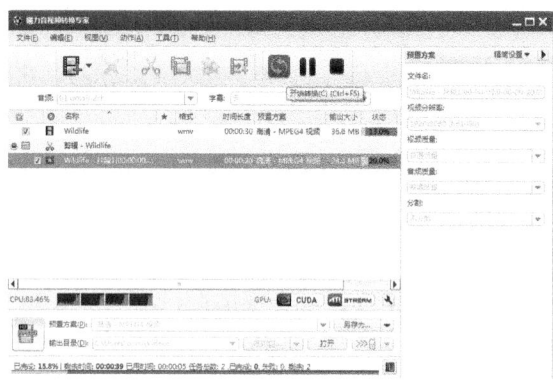

图 2-17　视频转换

2.5　动画素材的采集与编辑

动画体现了人类记录动作和时间的愿望，是体现艺术的形式之一。法国考古学家普度欧码在 1962 年的研究报告中提到：在 25000 年前的石器时代阿尔塔米拉洞穴壁画"奔跑的野牛"中就有系列的"野牛奔跑分析图"。这是人类第一次试图用石块等绘画工具来捕捉动作的图画，是人类试图捕捉动作的最早证据。

2.5.1　动画素材的采集

动画是运动的画面，它利用人眼的视觉暂留特性，当快速播放连续的静止图像时会得到动态的视觉效果。动画技术与电影电视技术(特指由连续摄影机和摄像机拍出的活动影像技术)的关键区别在于它的拍摄方式。在三维动画出现以前,对动画技术比较规范的定义是:采用逐帧拍摄对象并连续播放而形成运动的影像的技术。不论拍摄对象是什么,只要它的拍摄方式是采用的逐格方式,观看时连续播放形成了活动影像,它就是动画。

1. 动画的分类

动画的分类没有统一的标准,一般有以下几种分类法:

(1) 根据创作的角度,动画可分为"商业动画"和"实验动画"。

(2) 根据制作的技术与手段,动画可分为以手工绘制为主的传统动画、以计算机为主的电脑动画、应用摄影技术来制作的定格动画以及其他动画制作技术(例如,胶片绘制动画)。

(3) 根据动作的表现形式,动画可分为接近自然动作的"完善动画"(动画电视)和采用简化、夸张的"局限动画"(幻灯片动画)。

(4) 根据空间的视觉效果,动画可分为二维动画和三维动画。

(5) 根据播放的效果,动画可分为顺序动画(连续动作)和交互式动画(反复动作)。

(6) 根据每秒放的幅(帧)数,可分为全动画(每秒 24 帧)和半动画(每秒少于 24 帧)。

本节主要介绍运用计算机技术、以计算机为主要手段的计算机动画,也称数字动画。

2. 动画媒体的格式及其特点

1) GIF 动画格式

GIF 图像由于采用了无损数据压缩方法中压缩率较高的 LZW 算法,文件尺寸较小,因此被广泛采用。GIF 动画格式可以同时存储若干幅静止图像并进而形成连续的动画,目前 Internet 上大量采用的彩色动画文件多为这种格式。

2) SWF 格式

SWF 格式是 Micromedia 公司(2005 年被 Adobe 公司收购)的产品 Flash 的矢量动画格式,它采用曲线方程描述其内容,不是由点阵组成内容,因此这种格式的动画在缩放时不会失真,非常适合描述由几何图形组成的动画,如教学演示等。由于这种格式的动画可以与 HTML 文件充分结合,并能添加 MP3 音乐,因此被广泛地应用于网页上,成为一种"准"流式媒体文件。从《Macromedia Flash MX》系列软件开始,软件的默认空白文档从 SWF 格式改为 FLV(Flash Video)格式,它是 Flash 形式的流媒体文件,其优点是文件体积小,网络加载速度快。它的出现解决了 Flash 专用格式文件 SWF 加载视频后导致文件体积过大,上传至网络后加载速度过慢的问题。目前,优酷、土豆等网站上的微视频几乎均采用 FLV 文件。

3) FLC(FLI)格式

FLC 文件是 Autodesk 公司在其出品的 Autodesk Animator 、Animator Pro 、3D Studio 等 2D、3D 动画制作软件中采用的彩色动画文件格式。其中 FLI 是最初的基于 320×200 分辨率的动画文件格式,而 FLC 则是 FLI 的扩展,采用了更高效的数据压缩技术,其分辨率也不再局限于 320×200,支持 256 色,支持压缩,广泛用于动画图形中的动画序列,计算机辅助设计和计算机游戏应用程序。

4) MMM 动画文件

MMM(Microsoft Multimedia Movie)动画是微软多媒体动画片的标准格式,其文件扩展名为 mmm。单独的 MMM 动画文件比较少,一般都集成在完整的应用程序中。

3. 动画素材的采集

我们了解动画文件的格式有助于对动画素材的采集和编辑。在课件创作中我们常常会自己创作动画素材,但有时受制于创作技术、时间等条件的限制,我们也会利用互联网上丰富的开放资源(要考虑版权问题)或购买相关的视频素材。因此,对动画素材的采集除了自己创作外一般有以下两种方式:

(1) 对网络中的动画素材利用各种动画探测与下载软件进行下载,保存到本地计算机中。例如,利用 FlashGet 等自动捕捉 Flash 动画,也可以利用硕鼠官网等下载动画素材。

(2) 对本地硬盘、数字光盘等存储的动画素材使用复制、粘贴的方式进行采集。

2.5.2 动画素材的编辑

不同的动画制作软件制作的动画有不同的特点,如二维动画和三维动画在呈现立体感效果时有很大的差别,通常不同的制作软件开发出的动画素材格式不相同,由此也导致了不同的动画素材的编辑需要不同的动画编辑软件完成。

1. 动画素材的编辑

动画素材的编辑与视频素材的编辑在分类上较为相似,根据编辑操作的繁杂程度一般可分为如下两类。

1) 初级动画编辑

初级动画的编辑仅仅涉及动画素材剪接、淡入淡出、格式转换等工作。

2) 高级动画编辑

高级的动画编辑工作涉及动画素材内容的编辑,如在动画中构造二维或三维的几何造型,赋予其表面颜色、纹理,设置变形与运动,设计灯光的位置、强度,与运动编辑文字、图形、图像,导入声音,运用函数等。

动画素材的编辑需要先将各种格式的动画素材导入相对应的编辑软件后才能进行。常用的制作平面二维动画软件有 Adobe Flash、Adobe ImageReady、Ulead GIF Animator 等;三维动画软件有 Autodesk MAYA、Autodesk Softimage、Autodesk 3DS MAX、Ulead Cool 3D、MetaCreations Poser 等。

2.5.3 动画素材的采集与编辑实例

实例说明:物理课件《万有引力》需要一段 3D 的片头动画,要求使用 3D 动画软件进行创作,尺寸规格为 1024×768(像素),时间为 6 秒,文件输出格式为 GIF 动画,具体操作步骤如下(基于 Windows 7,动画编辑软件为 Ulead Cool 3D Studio 金典版)。

1. 动画素材采集

(1) 运行动画编辑软件 Ulead Cool 3D Studio,主界面如图 2-18 所示。

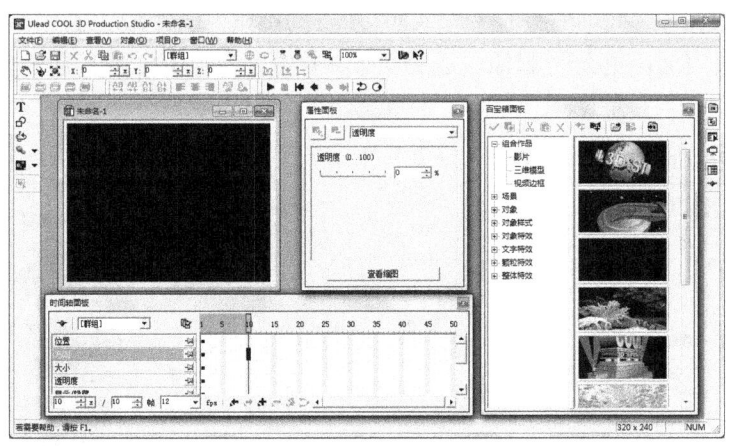

图 2-18　Ulead Cool 3D 主界面

(2) 设置动画分辨率,单击【项目】菜单中的【尺寸】命令,根据要求设置项目尺寸为自定义,输入 1024×768(像素),单击【确定】按钮,如图 2-19 所示。

(3) 单击【插入文字】按钮，设置字体为华文中宋、字号为 16，输入文字"万有引力"，单击【确定】按钮，如图 2-20 所示。

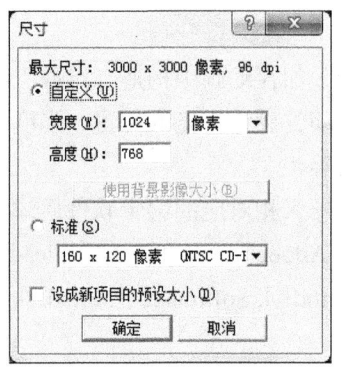

图 2-19　设置项目尺寸

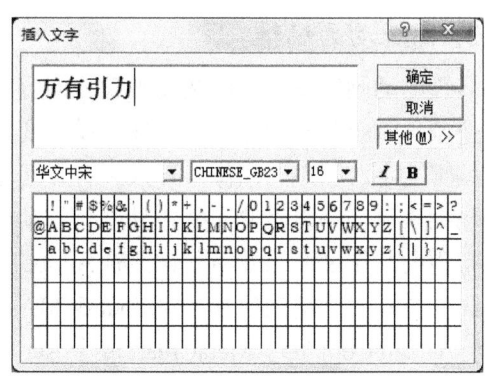

图 2-20　输入文字

2. 动画素材的编辑

(1) 设置文字对象的属性，在【属性面板】中单击【属性清单选择框】，选择【色彩】命令，打开【色彩拾色器】对话框，并分别将【表面色彩】和【反射色彩】设置为红色与黄色，界面如图 2-21 所示。

(2) 设置动画场景，在【百宝箱面板】中分别为动画设置【视频边框】、【图像背景】、【文字特效】和【整体特效】等，界面如图 2-22 所示。

(3) 通过对【时间轴面板】、【属性面板】等的操作，设置文字在不同时间点上的位置、方向、大小、色彩、材质、透明度等，并设置动画播放速度为 10fps，具体操作及效果如图 2-23 所示。

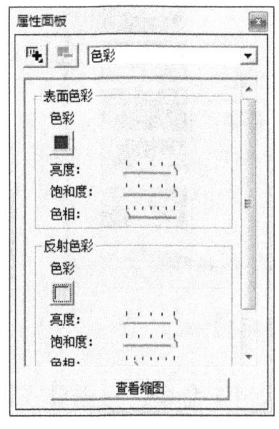

图 2-21　文字色彩设置

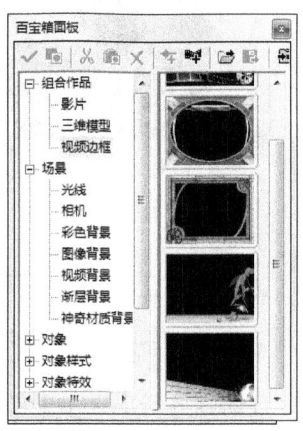

图 2-22　动画场景设置

(4) 单击【文件】菜单下的【保存】命令，对文件命名并保存。单击【文件】菜单下的【创建动画文件】命令，选择输出格式为【GIF 动画文件】，同时命名并保存。

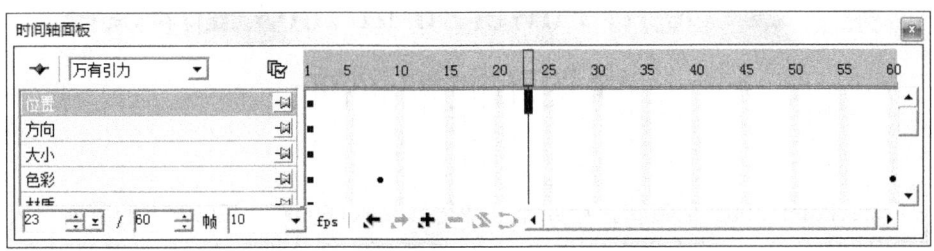

图 2-23　通过时间轴与属性面板，设置各对象的动画效果

思考与练习

(1) 熟悉任意一款图像编辑软件(建议 Photoshop)的基本操作，并创作或加工一幅图像。

(2) 熟悉任意一款音频编辑软件(建议 Cool Edit)的基本操作，并创作或加工一段课件片头音乐。

(3) 熟悉任意一款视频编辑软件(建议曦力音视频转换专家、Premiere)的基本操作，并创作或加工一段视频。

(4) 熟悉任意一款动画编辑软件(建议 Flash、3DS MAX)的基本操作，并创作或加工一段动画。

(5) 建议尽可能地将上面的练习内容围绕一个主题进行设计和制作，最后整合为一个完整的课件。

第 3 章　使用 PowerPoint 2003 制作课件片头和主控导航

PowerPoint 2003 是微软公司办公自动化套装软件 Office 2003 中的重要组成部分，它是在 Windows 平台下开发的、专门用于制作演示文稿的应用软件。

PowerPoint 是用于设计制作专家报告、教师授课、产品演示、广告宣传的电子版幻灯片，制作的演示文稿可以通过计算机屏幕或投影机播放。

利用 PowerPoint 做出来的东西称为演示文稿，它是一个文件。演示文稿中的每一页就称为一张幻灯片，每张幻灯片都是演示文稿中既相互独立又相互联系的内容。

按照 PPT 课件的内容和设计步骤，首先建立一个开篇的幻灯片，我们称它为片头。本章我们将练习使用 PowerPoint 2003 制作课件的片头。片头一般只有一张幻灯片，在这张幻灯片上，除了添加片头的内容外，色彩和布局等格式的设计也很重要，因为后续幻灯片一般会与片头格式保持一致。

在本章节中，我们以课件"中小学课件"为例，设计一个片头幻灯片。在做课件之前，我们先建立一个名为"PPT 课件"的文件夹，统一存放在磁盘驱动器 D 上。

3.1　新建和保存课件

3.1.1　新建课件

PowerPoint 2003 启动后，自动创建了一份只有一张幻灯片的演示文稿。如果希望另外创建演示文稿，可以选择【文件】|【新建】菜单命令，在窗口右部显示【新建演示文稿】任务窗格，如图 3-1 所示，可在其中作出相应选择。

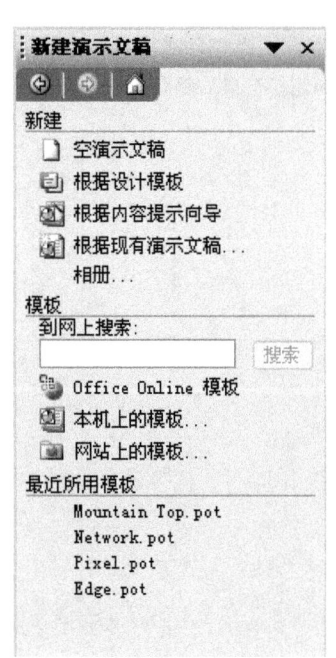

图 3-1　【新建演示文稿】窗格

这里我们直接使用已经建立好的幻灯片做课件片头。

3.1.2 自动保存课件和加密

课件的保存可以在设计之初进行，也可以在结束时进行，但在最初进行保存是一个值得推荐的好习惯。另外，如果课件涉及安全性和保密性，可以给课件文件设置密码。

1. 保存及自动保存课件

(1) 选择【文件】|【保存】命令，弹出【另存为】对话框，如图 3-2 所示。

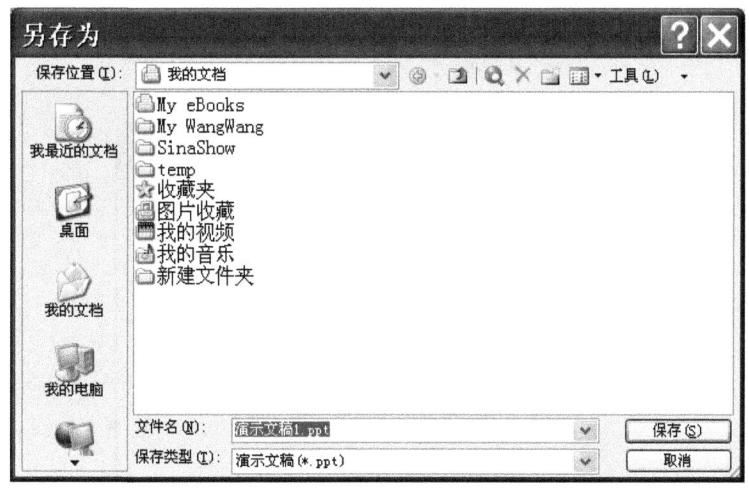

图 3-2 【另存为】对话框

在【保存位置】处选择要保存的驱动器 D，在文件夹区域双击"PPT 课件"，最后保存位置变为"PPT 课件"。在【文件名】一栏内输入"中小学课件"，最后单击【保存】按钮，如图 3-3 所示。这样就在指定位置保存了自己的课件，文件名为"中小学课件"。

(2) 如果在课件制作中途遇到断电或死机，在这些特殊情况下，从上次保存至关机的这一时间段内的工作内容将丢失。因此，我们需要中途随时保存自己的工作，PowerPoint 2003 提供自动保存课件功能，可以按照指定时间间隔自动进行保存。

选择【工具】|【选项】菜单命令，弹出【选项】对话框，在此对话框中单击【保存】选项卡，将【保存自动恢复信息，每隔】后的时间设置为 5 分钟，如图 3-4 所示。这样可以缩短自动保存时间间隔。

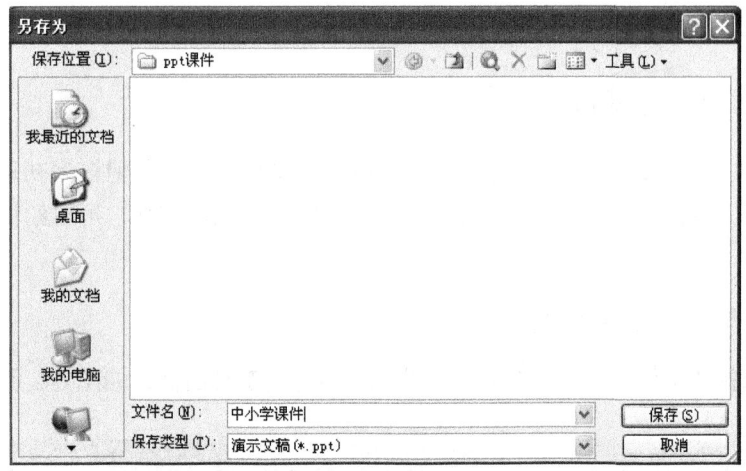

图 3-3 保存文件设置

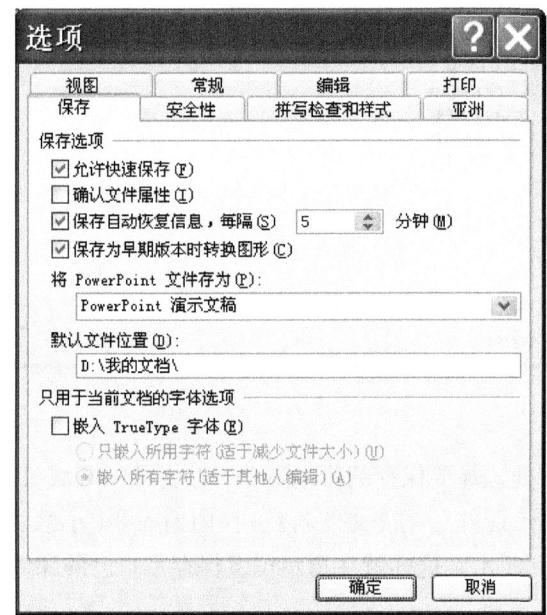

图 3-4 设置自动保存文件时间间隔

2. 给课件加密

在某些场合使用的课件具有保密性和安全性，保密性是不希望其他人看到，安全性主要是不希望被更改。例如，一份市场调查，产品企业案，竞教课件等。

选择【工具】|【选项】菜单命令，弹出【选项】对话框，如图 3-4 所示，在此对

话框中单击【安全性】选项卡,在其中的【此文档的文件加密设置】下的【打开权限密码】后面的空白处输入一个密码,如图3-5所示。

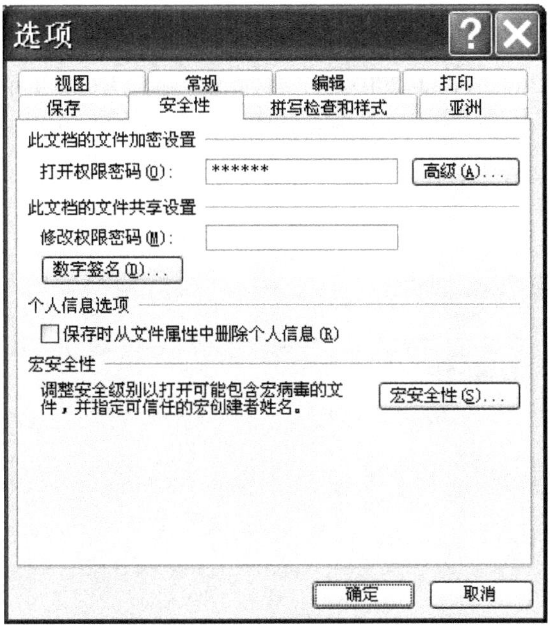

图3-5　设置打开权限密码

单击【确定】按钮后弹出【确认密码】对话框,再输入一次密码,如图3-6所示,然后再次单击【确定】。

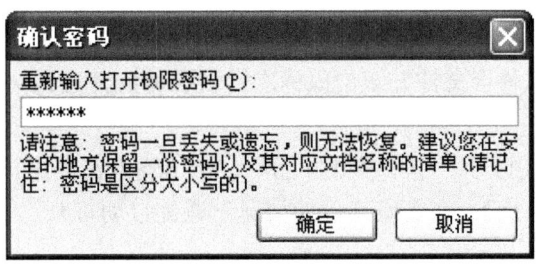

图3-6　确认打开权限密码

加密之后的课件在关闭之后,再打开时只有输入密码才能看到,所以自己也要牢记这个密码。如果只是不希望别人修改课件,可以设置修改权限密码,修改权限密码设置方法与打开权限密码设置方法相似。

3. 关闭和打开课件

(1) 直接关闭 PowerPoint 2003 窗口，同时也关闭了正在编辑的文件"中小学课件.ppt"。

(2) 打开已有的幻灯片文件"中小学课件"。

方法一：启动 PowerPoint 2003 后，选择【文件】|【打开】菜单命令，弹出【打开】对话框，如图 3-7 所示，单击查找范围后面组合框右边的下三角按钮，选择文件存放的驱动器或文件夹，在其中查找到"中小学课件"文件并单击，最后单击【打开】按钮。

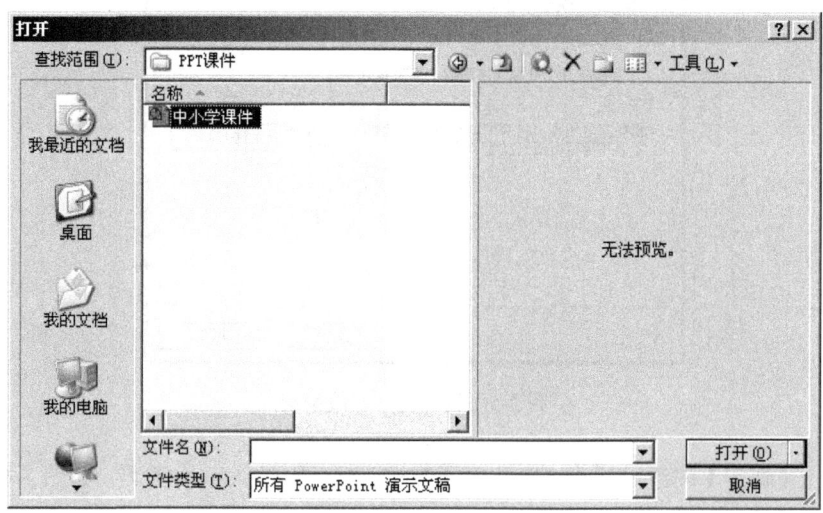

图 3-7　【打开】对话框

方法二：不启动 PowerPoint 2003，直接打开【我的电脑】或【资源管理器】，在其中找到"中小学课件"文件并双击鼠标左键，系统会启动 PowerPoint 2003 并打开相应文件。

使用第二种方式打开"中小学课件.ppt"，跳出输入密码窗口，在其中输入打开权限密码后单击【确定】，在密码正确的情况下课件自动打开。

3.2　布局课件片头外观和内容

3.2.1　选择课件模板

模板是一张已有固定格式设计的幻灯片，它的格式包括字体大小、颜色、内容布局等，通过模板可以将一系列格式放置到我们自己的幻灯片上。通过应用模板可以简化设计过程。在 PowerPoint 2003 设计窗口中已提供了一些模板，更多的模板可以从 Office on line 上下载，也可通过搜索网站搜索和下载。

1. 打开【幻灯片设计】任务窗格

有三种方式打开【幻灯片设计】任务窗格，以后的很多功能设置都可遵循下面三种操作方式。

(1) 选择【格式】|【幻灯片设计】菜单命令，如图 3-8 所示。
(2) 单击鼠标右键，出现如图 3-9 所示菜单，在其中选择【幻灯片设计】。

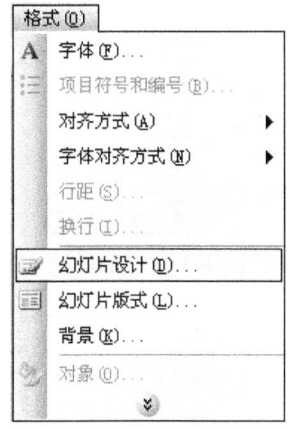

图 3-8　格式菜单中的"幻灯片设计"　　图 3-9　右键菜单中的"幻灯片设计"

(3) 单击工具栏的【设计】按钮 。在 PowerPoint 2003 窗口右部出现幻灯片设计窗格，如图 3-10 所示。在此窗格中的"应用设计模板"里列出了若干常见模板。

2. 将模板应用于当前或所有幻灯片

鼠标在各个模板上移动，可以看到模板名称，找到名为"Watermark"的模板，如图 3-11(a)所示。

单击此模板将应用此模板格式于当前所有幻灯片和以后添加的幻灯片，如果只希望应用于当前幻灯片，可以单击模板右边的下三角按钮，选择【应用于选定幻灯片】选项，如图 3-11(b)所示。

如果后面哪张幻灯片不需要此模板，可以按此方式设置。在实际的中学课件设计中，一份课件的所有幻灯片常常使用同一种模板，但在本书的 ppt 案例中，为了学习需要，一份文件中每个幻灯片的模板均不相同。

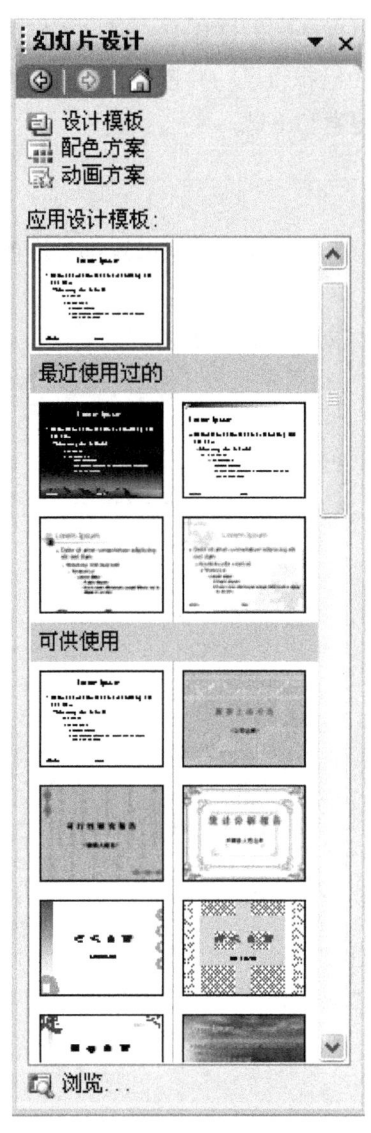

图 3-10 【幻灯片设计】窗格

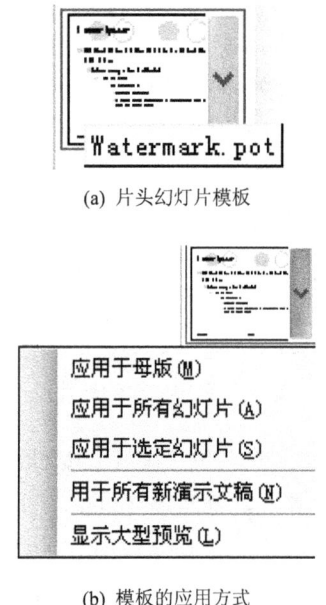

(a) 片头幻灯片模板

(b) 模板的应用方式

图 3-11 模板的使用

3.2.2 选择课件配色方案

配色方案是指幻灯片上可用的颜色系列,也包括颜色的应用对象。使用一种配色方案,是将幻灯片上各种对象搭配使用颜色,形成一套符合美学原理的有主题有内涵的颜色方案,其目的是使幻灯片的颜色更协调,使幻灯片整体效果更专业。在

【幻灯片设计】窗格中包含有【配色方案】，单击【配色方案】，显示【应用配色方案】列表，如图 3-12 所示。

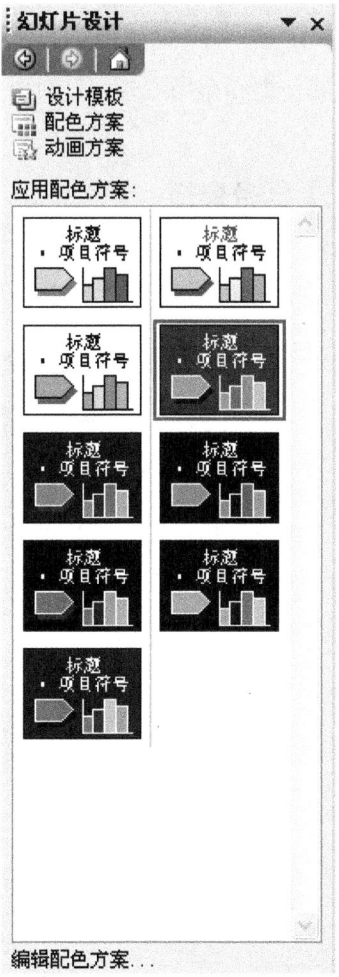

图 3-12　配色方案

1. 选择配色方案

在【应用配色方案】下面提供了若干配色方案，在任一方案上单击即可应用此项方案，这里我们单击选择第 4 种配色方案。

2. 修改配色方案

如果觉得这里提供的颜色方案不能满足要求，可以单击图中下方的【编辑配色方案】，进入【编辑配色方案】对话框，可以更改方案里的某种具体的颜色，这种更改很少进行，本书不作细述。

3.2.3 选择课件版式

版式是指幻灯片上对象的种类和布局方式，针对对象的类型和日常使用习惯，系统提供了四类版式。

1. 打开【幻灯片版式】任务窗格

选择【格式】|【幻灯片版式】菜单命令，如图 3-13 所示。

在 PowerPoint 2003 窗口右部会出现幻灯片版式窗格，如图 3-14 所示。

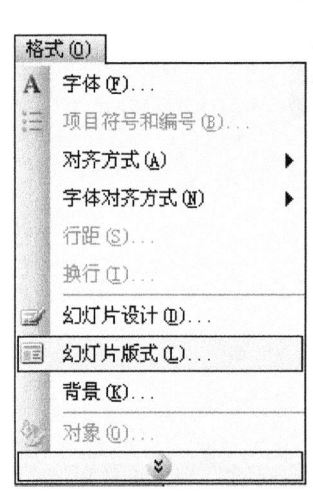

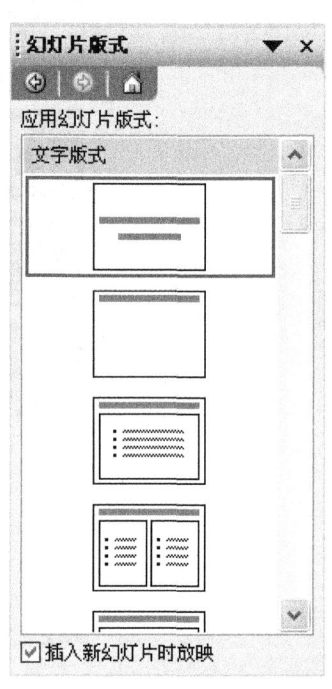

图 3-13　【格式】菜单中的【幻灯片版式】　　图 3-14　【幻灯片版式】窗格

2. 应用幻灯片版式

在【幻灯片版式】中单击某项版式，即可将此版式应用于当前幻灯片。在本例中，需要设置"标题幻灯片"版式，标题版式适合片头幻灯片。当我们在演示文稿中添加第一张幻灯片时，默认即为"标题幻灯片"版式，所以这张幻灯片不需改变版式。

3.2.4 设置课件背景

通过前面的设置，幻灯片有了自己的格式，还可以在这个基础上进行背景格式设置。背景是指整张幻灯片的背景颜色，可以是一种颜色或颜色效果，也可以是一张图片。

选择【格式】|【背景】菜单命令，弹出【背景】对话框，如图 3-15 所示。

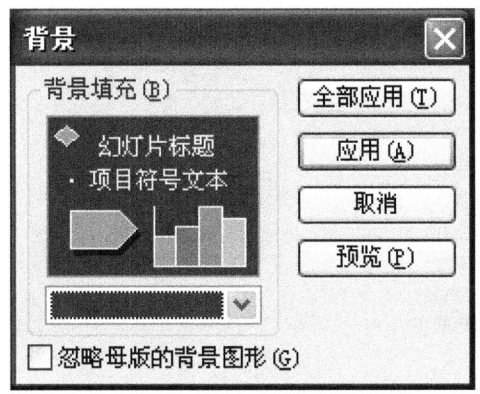

图 3-15 【背景】对话框

单击对话框中的下三角按钮，可以更改背景颜色，如图 3-16 所示。

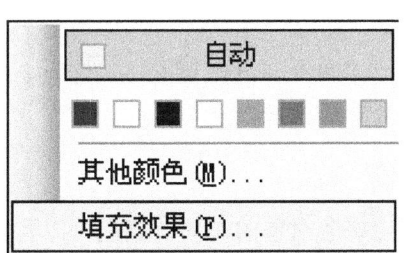

图 3-16 背景颜色

这里选择【填充效果】，弹出【填充效果】对话框。在【渐变】选项卡 【颜色】部分选择【双色】；颜色 1 为配色方案中的第 1 个颜色，颜色 2 为配色方案中的第 2 个颜色；在【底纹样式】中选择【从标题】，如图 3-17 所示。

单击【确定】后返回上一级【背景】对话框，在其中单击【应用】。这里是将选定的背景应用于当前幻灯片，如果需要所有幻灯片应用同一种背景，就单击【全部应用】。

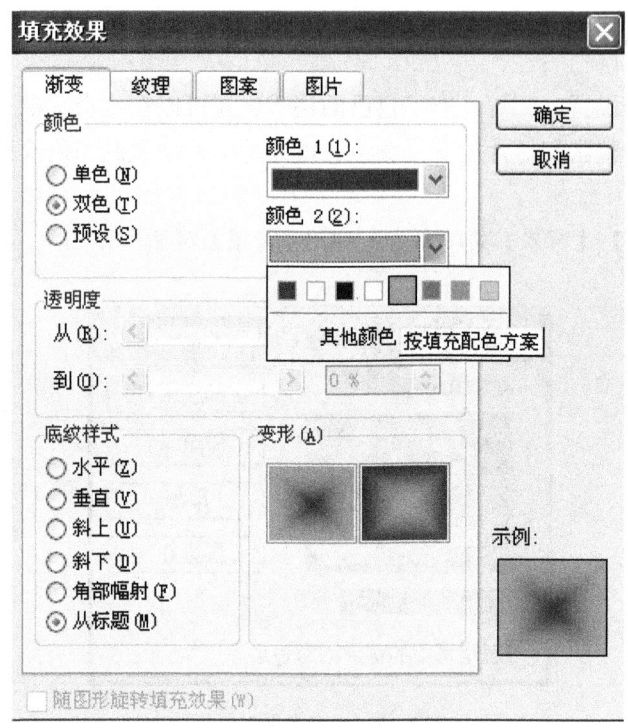

图 3-17 背景颜色填充效果

3.2.5 插入文字信息

以上是对幻灯片的格式设置，到目前为止，幻灯片上没有实际内容，接下来开始为幻灯片添加文字、图片和声音信息。

1．输入标题与副标题

幻灯片的版式已经预定好各对象的布局，我们可以看到幻灯片上有一些提示信息，如"单击此处添加标题"、"单击此处添加副标题"，这些文字是占位符，起提示和布局作用。

单击"单击此处添加标题"处，输入"中小学课件制作"作为片头标题，主标题字体大小设置为66。单击"单击此处添加副标题"处，输入"PowerPoint 2003"作为副标题，副标题字体大小设置为36。

2．添加文本框

如果还需要添加不属于标题或副标题的文字，可以插入文本框以供文字展示。选择【插入】|【文本框】|【水平】菜单命令，鼠标变成剑柄状，移动鼠标至幻灯片右

下角，单击鼠标出现新文本框和光标，在其中输入"作者邮箱:songguoqin321@126.com"，然后拖动文本框至右下角位置。

3.2.6 插入自动更新日期

自动更新日期是指每次打开幻灯片时，都会显示当前日期。选择【插入】|【日期和时间】菜单命令，弹出【页眉和页脚】对话框，如图 3-18 所示。

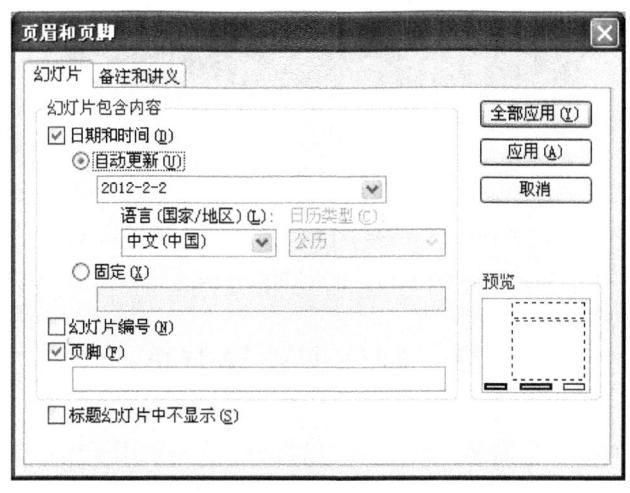

图 3-18 页眉和页脚中的自动更新日期

【页眉和页脚】是幻灯片头部和脚部区域的内容，日期和时间只是其中可设置的内容之一。在对话框中，将【日期和时间】前的方框打勾，并且选中下面的【自动更新】选项，然后在【自动更新】下的空栏中选择第 4 种日期格式，如图 3-19 所示，最后单击【应用】按钮。

图 3-19 日期格式

如果不希望时间自动更新，可以选择【固定】，并在【固定】下的空栏内填上希望显示的时间。最终的片头静态效果如图 3-20 所示。

图 3-20　片头幻灯片效果

3.3　制作课件导航页

在课件设计中，常常需要一个主控导航部分，它主要用于展示课件的各个模块，通过这个导航幻灯片，教师可以转到相应的模块，在完成某个模块后又能返回到导航幻灯片。导航幻灯片使课件和教学过程形成一个有机的整体。在本节，我们先完成导航页的内容，在第 5 章我们设置导航页的导航效果。

3.3.1　插入"主控导航界面"幻灯片

1. 插入新幻灯片

在默认的【普通视图】下，窗口左边的幻灯片缩略图窗格列出当前所有幻灯片，

图 3-21　幻灯片缩略图窗格

目前只有一张幻灯片，在第一张幻灯片后面的空白处单击出现闪烁的细长插入线，如图 3-21 所示。选择【插入】|【新幻灯片】菜单命令，在第一张幻灯片后出现一张新的空白幻灯片，这张幻灯片具有与片头幻灯片相同的模板和配色方案。

2. 幻灯片模板设置

为了展示不同的效果，从第 2 张幻灯片起我们尽量选

择不同的模板,在选择模板时一定要单击模板右部的下三角按钮,选择菜单中的【应用于所选幻灯片】,这样不会影响到上边已有模板的幻灯片,这里我们选择"默认设计模板.pot"。在实际课件制作时,不宜频繁更换模板。

3. 幻灯片版式设置

在幻灯片空白处单击右键,选择【幻灯片版式】,在【幻灯片版式】窗格单击【内容版式】选项区域中的【空白】版式。

3.3.2　输入导航页的内容

1. 插入图片和剪贴画

1) 插入文件中的图片

第 2 张幻灯片上所用的图片文件素材为"语文.jpg","数学.jpg","物理.jpg"。选择【插入】|【图片】|【来自文件】菜单命令。弹出【插入图片】对话框,将查找范围设置为"ppt 素材" 文件夹所在的路径,单击列出的文件中的"语文.jpg",最后单击【插入】按钮,如图 3-22 所示,图片就会出现在幻灯片上。用同样的方法将其余 2 个图片插入到幻灯片上。

图 3-22　"插入图片"对话框设置

2) 插入剪贴画

选择【插入】|【图片】|【剪贴画】菜单命令,窗口右部出现剪贴画窗格。在其中

输入搜索文字"计算机",然后单击【搜索】按钮,查找出与"计算机"相关的图片,在其中单击选择名称为"computers computing"的剪贴画,如图 3-23 所示,之后这张剪贴画就出现在幻灯片上。

通过鼠标拖动调整 4 个图片的位置及大小以达到如图 3-24 所示的效果。

图 3-23 【剪贴画】窗格　　　　　　　图 3-24 图片在幻灯片上的布局

2. 添加标注

1) 添加标注

标注是一种说明性的文字,常与其他对象一起存在,是针对某对象的文字注释。选择【插入】|【图片】|【自选图形】菜单命令,在【自选图形】工具栏内单击【标注】,在出现的标注栏内选择【椭圆形标注】,如图 3-25 所示。

将鼠标指针移到工作区,这时鼠标指针变成"十字形",按住鼠标左键拖放出一个大小适当的标注。在标注的最中间单击并输入"语文"二字。

2) 设置标注格式

选中标注中的文字,可以设置标注中的文字格式,这里将字体设置为 24 号;单击整个标注,在标注四周出现虚框和 8 个白色的编辑点,一个黄色小方块,一个绿色小圆点,如图 3-26 所示。

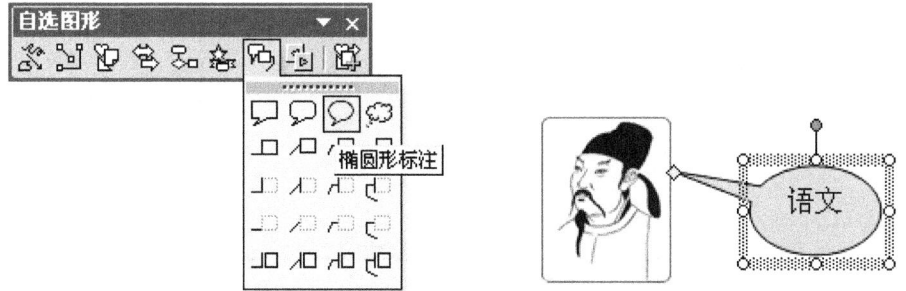

图 3-25　使用【自选图形】工具栏插入标注　　图 3-26　标注上的形状编辑点

鼠标移动到虚线上按住左键拖动,可以移动标注;鼠标移动到 8 个白色的编辑点上,鼠标形状变为双向箭头,拖动鼠标可以缩放标注;在黄色菱形点上拖动鼠标,可以改变标注臂长短和方向;在绿色圆点上拖动鼠标,可以旋转标注。通过操作将标注指向相应图片,然后将标注复制并粘贴三次,调整所有标注的格式达到如图 3-27 所示的效果。

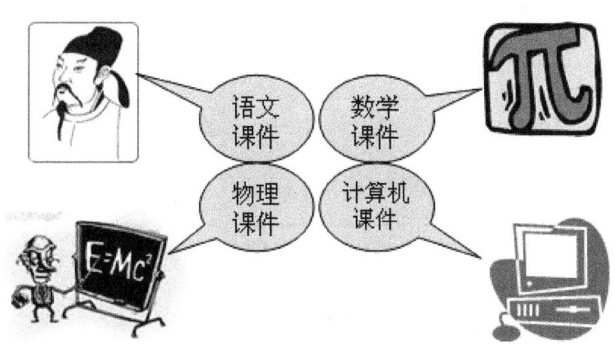

图 3-27　插入所有标注的效果

双击标注上的虚框弹出【设置自选图形格式】对话框,可对颜色和线条、尺寸、位置等进行更多设置,如图 3-28 所示。

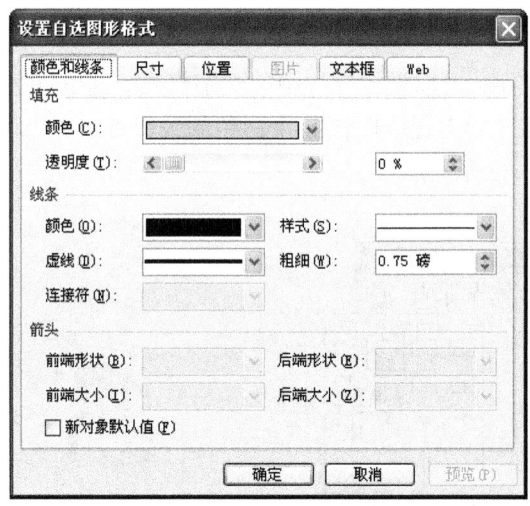

图 3-28　标注的图形格式

3. 插入艺术字

艺术字是一种特殊的图片，它的内容是文本，但是在显示和处理时，更多地将艺术字作为图片，它兼具文本框和图片的特性。

选择【插入】|【图片】|【艺术字】菜单命令，弹出【艺术字库】对话框，如图 3-29 所示。

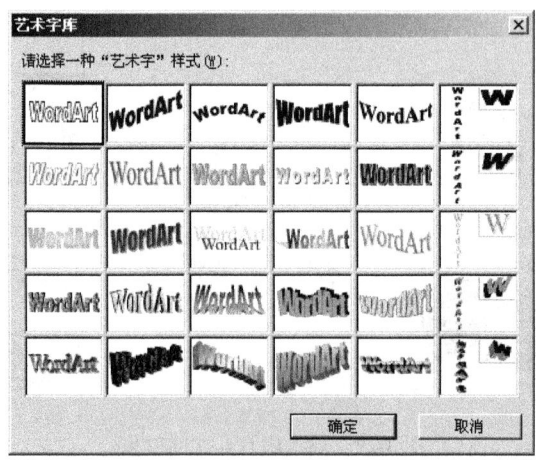

图 3-29　【艺术字库】对话框

默认使用第一种艺术字样式，单击【确定】按钮，弹出【编辑"艺术字"文字】对话框，在其中单击输入文字，如图 3-30 所示。

第 3 章 使用 PowerPoint 2003 制作课件片头和主控导航

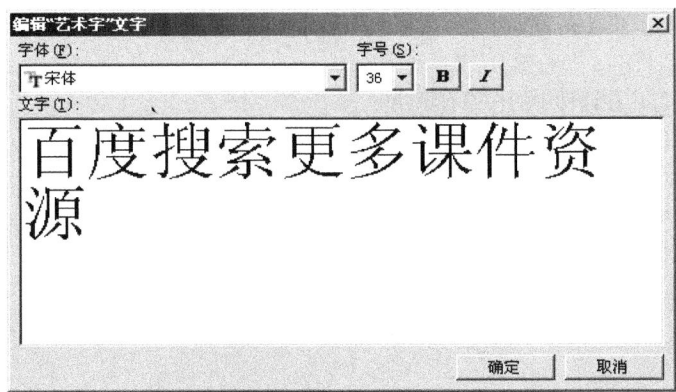

图 3-30 编辑"艺术字"内容

单击【确定】按钮,幻灯片上出现艺术字图形,同时出现【艺术字】工具栏,单击工具栏【艺术字形状】中的【细下弯弧】,如图 3-31 所示,将艺术字更改一种形状。

图 3-31 艺术字形状库

艺术字在幻灯片上的效果如图 3-32 所示。

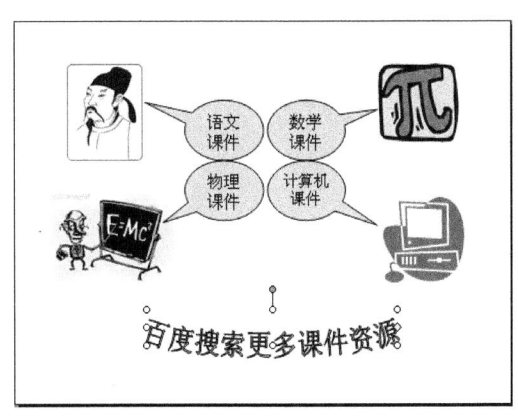

图 3-32 艺术字在幻灯片上的效果

思考与练习

(1) 片头幻灯片在课件中的作用有哪些？
(2) 模板文件的扩展名是什么？
(3) 可以通过"幻灯片设计"窗格从网络上获取更多模板吗？
(4) 剪贴画和来自文件的图片有什么区别？
(5) 观摩素材中的"ppt 精妙动画集萃.ppt"幻灯片文件的片头设计和教学幻灯片有什么不同？

第4章 使用 PowerPoint 2003 制作课件主体

4.1 第3张幻灯片——语文课件"咏鹅"

第3张幻灯片以语文课件"咏鹅"为例,介绍了如何在指定位置增加新幻灯片,如何在幻灯片上实现以文字或符号展示为主的课件效果,这类幻灯片常用在语文、英语、政治、历史等文字展示为主的课件上。

4.1.1 添加新幻灯片

1. 添加新幻灯片

选择【插入】|【新幻灯片】命令,出现一张新的空白幻灯片,如果这张幻灯片不在最后位置,在幻灯片窗格区使用鼠标拖动它至目标位置。

2. 幻灯片模板和版式设置

(1) 在幻灯片空白处单击右键,选择【幻灯片设计】,在【幻灯片设计】窗格设置模板为"古瓶荷花.pot",如图 4-1(a)所示,注意单击【应用于选定幻灯片】。

(2) 幻灯片版式设置。在幻灯片空白处单击右键,选择【幻灯片版式】,在【幻灯片版式】窗格设置版式为【文字版式】中的【标题和竖排文字】版式,如图 4-1 (b)所示。

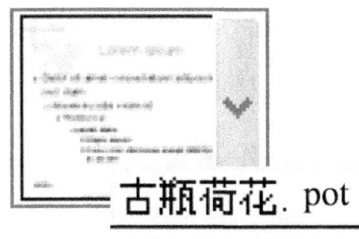

(a) 第3张幻灯片模板

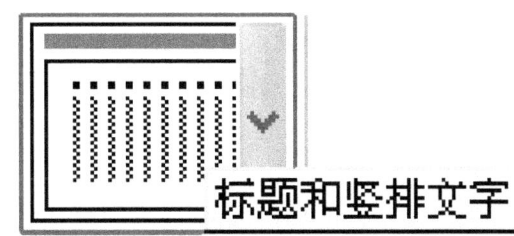

(b) 第3张幻灯片版式

图 4-1 第3张幻灯片模板和版式

4.1.2 向幻灯片添加课件内容

1. 在幻灯片上添加竖排汉字

在标题部分输入"咏鹅",在文本部分按诗歌一句占一列格式输入诗的内容,最后将正文部分调整至适当位置。

2. 为幻灯片上文字添加拼音

在语文课教学中,生字常常需要加注拼音,强调朗读的内容甚至需要全部加注拼音。有两种方式输入拼音,一种是借助软键盘输入加注声调的拼音,另一种是利用 Microsoft Word 2003 自动生成所有拼音。

方法一:利用软键盘输入"咏鹅"二字的拼音。在"咏"字后面输入"(yng)",在"y"字母后单击,切换至中文输入法(以"智能 ABC"输入法为例),出现输入法工具条  。在这个工具条最右边的按钮("软键盘"按钮)上单击右键,出现如图 4-2 所示的菜单。

✔ PC 键盘	标点符号
希腊字母	数字序号
俄文字母	数学符号
注音符号	单位符号
拼　　音	制表符
日文平假名	特殊符号
日文片假名	

图 4-2　软键盘种类

单击其中的"拼音"项,键盘就变成可以输入各种拼音符号的键盘,然后击键输入"ǒ"。用同样方式输入"鹅"字的拼音,用完拼音后将软键盘切换回"PC 键盘"。

方法二:利用 Word 软件的【拼音指南】功能。将【咏鹅】二字选中并剪切。然后,启动 Microsoft Word 2003,执行【粘贴】操作。在 Word 2003 中再选中"咏鹅",选择【格式】|【中文版式】|【拼音指南】菜单命令。弹出【拼音指南】对话框,如图 4-3 所示。

图4-3 【拼音指南】对话框

在【拼音指南】对话框中，自动生成了汉字的拼音，可以将这个框内的拼音直接复制到幻灯片中，也可以单击【确定】之后从 Word 2003 编辑窗口复制拼音和文字。这种方式不需要自己输入拼音，适合大段文字加注拼音的情况。

不管使用哪种方式加注拼音，拼音都是显示在文字后面，如果需要其他位置显示拼音，可以单独添加文本框来显示拼音。

3. 在幻灯片上插入"咏鹅"图片

选择【插入】|【图片】|【来自文件】菜单命令，在【插入图片】对话框中找到"咏鹅.jpg"图片并插入，调整图片在幻灯片的位置达到如图4-4所示的效果。

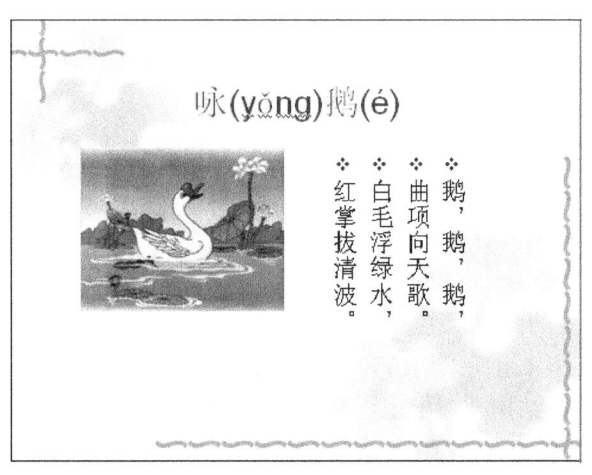

图4-4 "咏鹅"幻灯片效果

4.2 第 4 张幻灯片——计算机课件"组织结构图"

4.2.1 添加新幻灯片

1. 添加新幻灯片

增加新幻灯片,在现有幻灯片最后添加一张新幻灯片。

2. 幻灯片模板和版式设置

(1) 选择【格式】|【幻灯片设计】菜单命令,在出现的【幻灯片设计】窗格中找到"Pixel.pot"模板,如图 4-5 (a)所示,单击此模板右部的下三角按钮,选择【应用于选定幻灯片】。

(2) 在幻灯片空白处单击右键,选择【幻灯片版式】,在【幻灯片版式】窗格设置版式为【标题和图示或组织结构图】,如图 4-5 (b)所示。

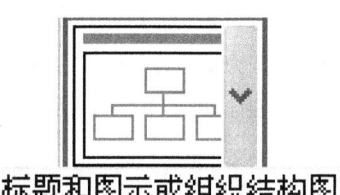

(a) 第 4 张幻灯片模板 　　　　　　　　(b) 第 4 张幻灯片版式

图 4-5　第 4 张幻灯片模板和版式

4.2.2 向幻灯片添加课件内容

1. 添加标题

在标题处输入"微型计算机系统",设置字体大小为 36,加粗显示。

2. 添加组织结构图

(1) 双击标题下的图示或组织结构图区域,弹出【图示库】对话框,如图 4-6 所示,单击第一种类型【组织结构图】,单击【确定】按钮。

一个简单的组织结构图就出现在幻灯片上,同时组织结构图工具栏也出现在窗口下方,如图 4-7 所示。

(2) 删除多余形状。在现有的结构图中,第二级有 3 个框,需要删除一个形状。

右键单击第二级的任一个框,在出现的菜单中选择【删除】,如图 4-8 所示。在剩余的框内输入第一级和第二级结构内容。

图 4-6 【图示库】对话框

图 4-7 "组织结构图"工具栏

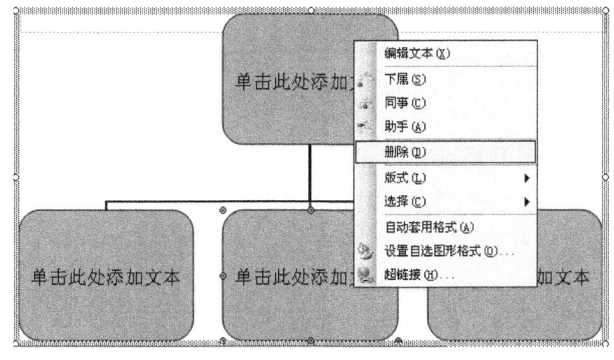

图 4-8 删除形状

(3) 为"硬件"文本所在形状添加下级。单击"硬件"文本所在的形状,这一步非常重要,然后在【组织结构图】工具栏中单击【插入形状】按钮,在弹出的下拉菜单中选择【下属】命令,如图 4-9 所示。

这样就给"硬件"形状添加了一个下属,在这个下属内输入"主机"。

(4) 添加更多下属。单击"主机"文本所在形状,这一步非常重要,然后选择【组织结构图】工具栏的【插入形状】按钮,在弹出的下拉菜单中选择【同事】命令,如

图 4-10 所示。这样就给形状添加了一个同级的形状，在这个形状内输入"外部设备"。

图 4-9　插入下属

图 4-10　插入同事

(5) 完成整个组织结构图的内容。使用上述增加下属和同事的方法，将所有组织结构图的内容输入，如图 4-11 所示。

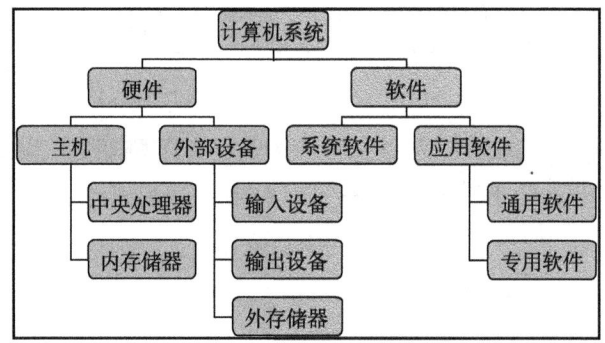

图 4-11　完整的组织结构图

(6) 设置组织结构图的格式。选中整个组织结构图，设置字体为 20 号；右键单击"主机"形状，在菜单中选择【版式】|【左悬挂】，如图 4-12 所示。这样使"主机"形状和"外部设备"形状下属较多的地方不至于拥挤。

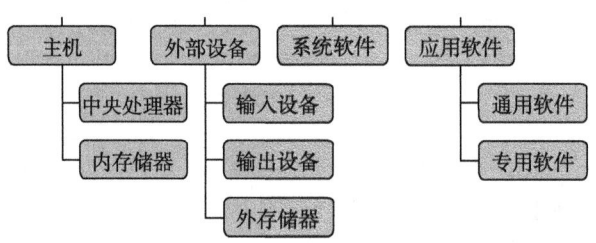

图 4-12　改变悬挂版式

单击【组织结构图】工具栏的【自动套用格式】按钮，在弹出的【组织结构图样式库】中选择【三维颜色】，如图 4-13 所示，最后单击【确定】按钮。

第 4 章 使用 PowerPoint 2003 制作课件主体

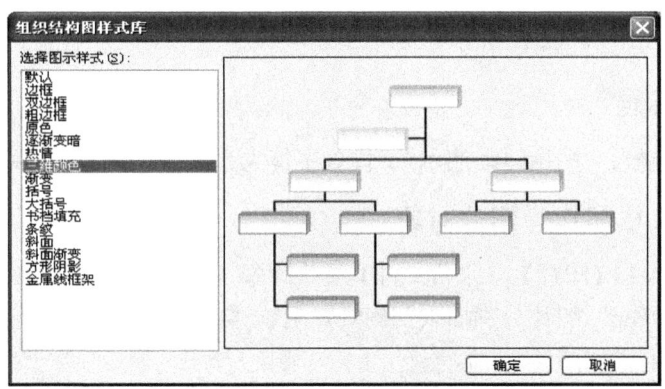

图 4-13 组织结构图样式库

4.3 第 5 张幻灯片——物理课件"平抛运动"

第 5 张幻灯片以物理课件"平抛运动演示"为例，侧重于展示动态效果，动画设置方式将在第 5 章介绍。

4.3.1 添加新幻灯片

1. 添加新幻灯片

单击 PowerPoint 窗口左下角视图区域的【幻灯片浏览视图】按钮 ，切换到浏览视图。在浏览视图下单击所有幻灯片末尾位置，使用右键菜单插入一张新幻灯片。

2. 幻灯片模板和版式设置

(1) 选择【格式】|【幻灯片设计】菜单命令，在出现的【幻灯片设计】窗格中找到"Mountain Top.pot"模板，如图 4-14 (a)所示，单击此模板右部的下三角按钮，选择【应用于选定幻灯片】。

(2) 选择【格式】|【幻灯片版式】菜单命令，在出现的【幻灯片版式】窗格区单击【文字版式】中的【只有标题】版式，如图 4-14 (b)所示。

   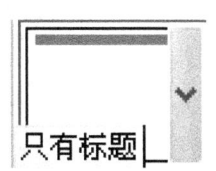

(a) 第 5 张幻灯片模板　　　　　　　　(b) 第 5 张幻灯片版式

图 4-14 第 5 张幻灯片模板和版式

4.3.2 向幻灯片添加课件内容

1. 插入标题

在标题处输入"平抛运动演示",设置字体大小为36,加粗显示。

2. 插入飞机和炸弹图片对象

使用【插入】|【图片】|【来自文件】菜单命令,将素材文件夹中的"飞机.bmp"图片和"炸弹.bmp"图片分别插入到幻灯片上,移动飞机和炸弹至左上部位置,且飞机在炸弹之上,如图4-15所示。

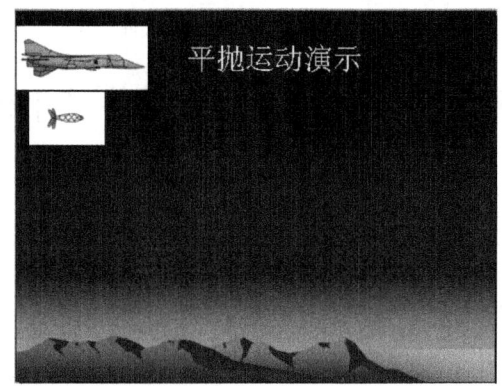

图4-15 插入飞机和炸弹图片后的效果

3. 设置图片为透明背景

飞机和炸弹图片插入到幻灯片上,可以看到它们都有一个白色的背景,这个背景需要去掉。在任一图片上单击右键,如图4-16所示。

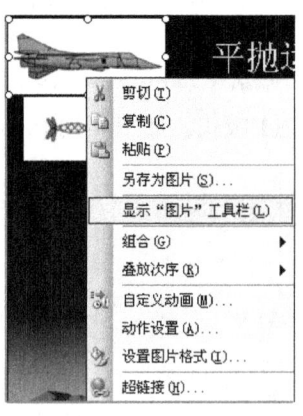

图4-16 调出"图片"工具栏

单击【显示"图片"工具栏】，调出图片工具栏，在其中单击【设置透明色】按钮，如图4-17所示。

图4-17 "图片"工具栏的【设置透明色】功能

鼠标变为笔的形状，移动鼠标至飞机图片上单击，飞机的背景就消失了，用同样方法去掉炸弹的背景。

4. 插入艺术字"更多ppt精妙动画"

艺术字颜色设置为【按强调文字和超级链接配色方案】，其他格式自拟，放置于幻灯片下方中部。幻灯片最终效果如图4-18所示。

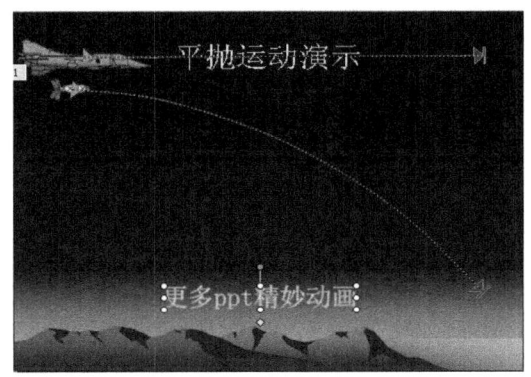

图4-18 "平抛运动演示"幻灯片最终效果

4.4 第6张幻灯片——数学课件"公式和特殊符号"

4.4.1 添加新幻灯片

1. 添加新幻灯片

增加新幻灯片，在所有幻灯片最后添加一张新幻灯片。

2. 幻灯片模板和版式设置

(1) 选择【格式】|【幻灯片设计】菜单命令，在出现的【幻灯片设计】窗格区下

部的【浏览】按钮，在其中浏览文件并找到"Satellite Dish"模板，此模板缩略图形如图4-19 (a)所示，单击【应用】，将模板应用于当前幻灯片。

(2) 在幻灯片空白处单击右键，选择【幻灯片版式】，在【幻灯片版式】窗格单击【文字版式】中的【标题和文本】版式，如图4-19 (b)所示。

(a) 第6张幻灯片模板

(b) 第6张幻灯片版式

图4-19　第6张幻灯片模板和版式

4.4.2　向幻灯片添加课件内容

1. 添加标题和文本

在标题处输入"一元二次方程的根"，设置字体大小为32，加粗显示。在文本部分输入公式：ax2+bx+c=0。选中"x2"部分的"2"，选择【格式】|【字体】菜单命令，在弹出的对话框中勾选【上标】，如图4-20所示。

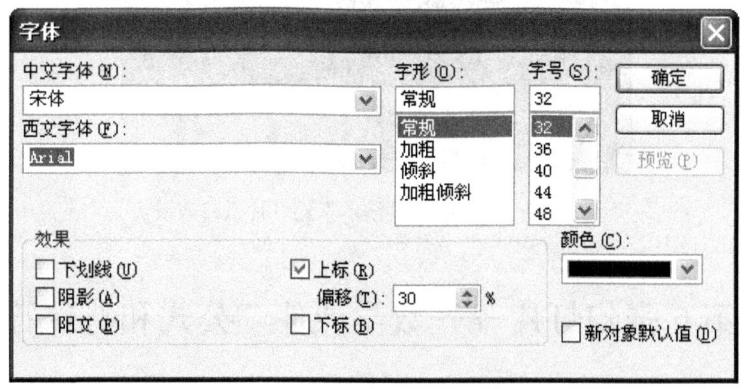

图4-20　设置上标字体

2. 添加公式

(1) 调出公式编辑器。选择【插入】|【对象】菜单命令，弹出【插入对象】对话框，在其中选择【新建】,【Microsoft 公式 3.0】，最后单击【确定】按钮，如图4-21所示。

第 4 章 使用 PowerPoint 2003 制作课件主体

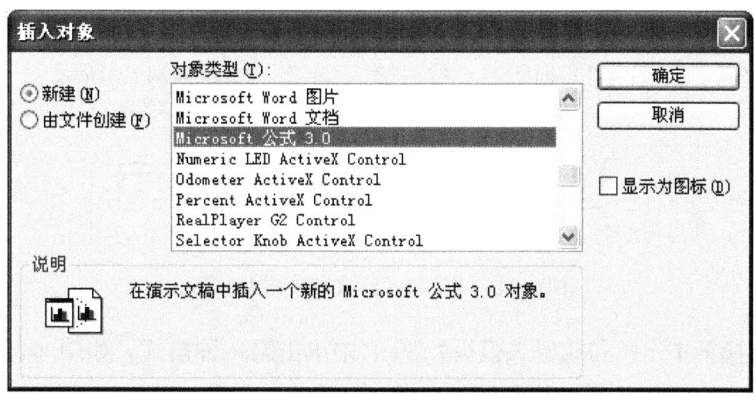

图 4-21 【插入对象】对话框

系统出现【公式编辑器】窗口，如图 4-22 所示，在其中输入"x"。

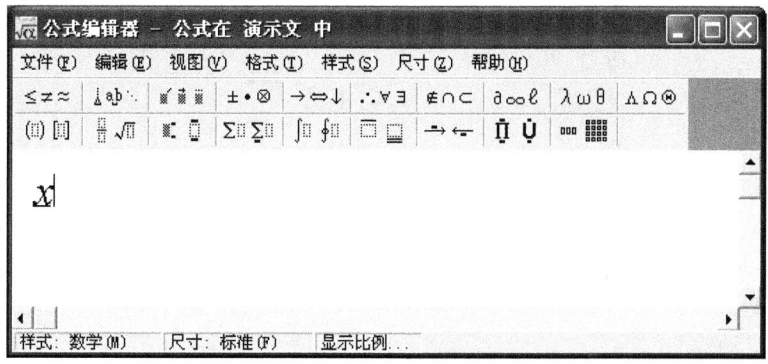

图 4-22 【公式编辑器】窗口

(2) 输入下标。首先单击【上标和下标模板】按钮，在其中单击下标模板，如图 4-23(a)所示凸起的部分，光标变小，此时输入"1,2"，如图 4-23(b)所示。

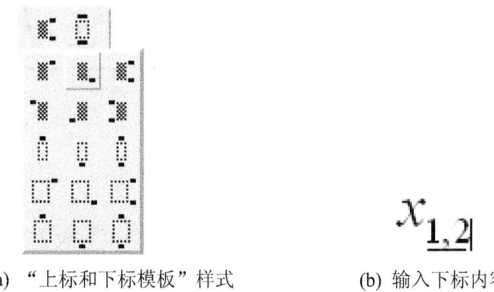

(a) "上标和下标模板"样式　　　　(b) 输入下标内容

图 4-23 输入下标

65

(3) 从【上标和下标模板】状态切换成普通输入状态。在光标的上半部单击，注意光标变高长，如图 4-24 (a)所示。然后输入“=”，如图 4-24 (b)所示。

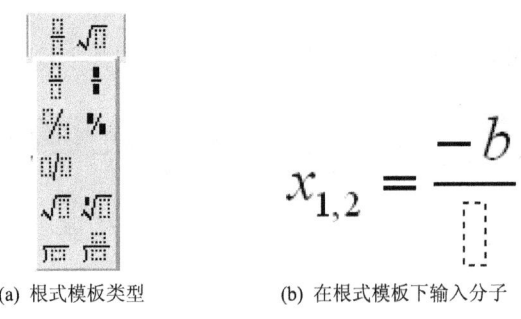

(a) 切换为普通状态的光标形状　　(b) 在普通状态下输入等号

图 4-24　切换为普通状态并输入字符

(4) 切换至【分式和或根式模板】，在其中单击第一种模式，如图 4-25(a)所示。在分子处输入“-b”，如图 4-25 (b)所示。

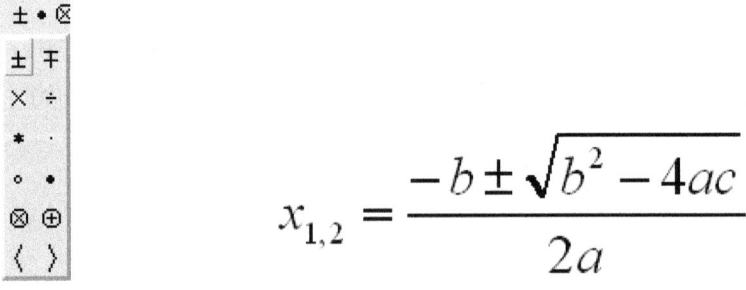

(a) 根式模板类型　　(b) 在根式模板下输入分子

图 4-25　输入分式

(5) 输入特殊运算符号。单击【运算符号】模板上的第一种符号，如图 4-26 所示，系统自动输入“±”。

图 4-26　特殊运算符号模板

$$x_{1,2}=\frac{-b\pm\sqrt{b^2-4ac}}{2a}$$

图 4-27　完整公式

(6) 利用【分式和或根式模板】以及【上标和下标模板】完成分子及分母中的根号和指数的输入，如图 4-27 所示，最后关闭【公式编辑器】窗口，已输入的公式自动出现在幻灯片上，调整公式大小至适当高度。

思考与练习

(1) 使用了一种幻灯片版式后,版式规定的对象能删除吗?
(2) 幻灯片上的色彩布局如何能更正规?
(3) 使用绘制图形功能绘制物理电路图。
(4) 试通过插入菜单插入 Flash 动画至幻灯片上。
(5) 打开 "ppt 精妙动画集萃.ppt" 幻灯片文件,识别出其中每张幻灯片的对象及其种类。

第5章 PowerPoint 2003课件放映、演练及发布

5.1 放 映 课 件

幻灯片的内容设置完成后,最终的使用效果是在播放环节展示的,因此,在上课之前将幻灯片仔细调试是非常重要的,是课件制作的重要步骤。幻灯片放映时面向的应用目的不同,放映的方式也不同,这里介绍3种放映。

5.1.1 自主放映

自主放映是主要由演讲者控制的放映方式,幻灯片的演示顺序在播放过程中完全由放映者控制。

1. 幻灯片切换

幻灯片切换是指一张幻灯片出现时的动画效果,这个可以在设计幻灯片时设置好。

(1) 打开要设置切换效果的幻灯片文件"中小学课件.ppt"。

(2) 选择【幻灯片放映】|【幻灯片切换】菜单命令,调出【幻灯片切换】任务窗格,如图5-1所示。

在【应用于所选幻灯片】处单击选择最后一种切换方式【随机】,其余设置不变,最后单击【应用于所有幻灯片】,这表示所有幻灯片切换时随机选择一种动画播放。

2. 幻灯片播放过程中的控制

(1) 单击鼠标左键或键盘控制播放。在幻灯片放映过程中,单击鼠标左键会跳至下一张幻灯片或下一个动画对象。键盘的播放键及其功能如下:

←:上一张幻灯片或上一个动画对象。

→:下一张幻灯片或下一个动画对象。

↑:上一张幻灯片或上一个动画对象。

↓:下一张幻灯片或下一个动画对象。

PgUp：上一张幻灯片或上一个动画对象。

PgDn：下一张幻灯片或下一个动画对象。

(2) 右键菜单控制播放。在幻灯片放映时，单击右键，会出现如图 5-2 所示的播放菜单。

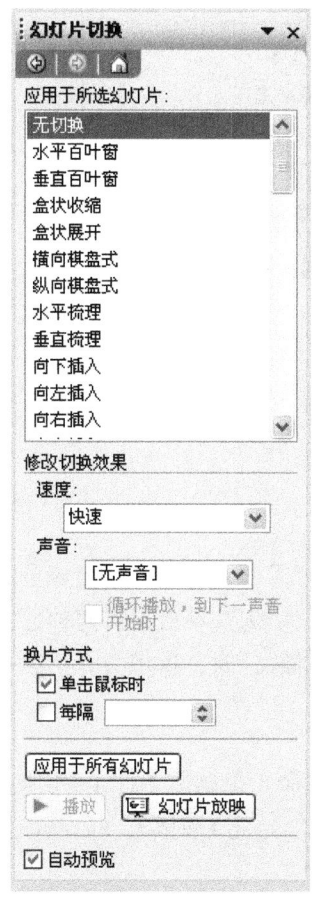

图 5-1 【幻灯片切换】窗格

图 5-2 右键播放控制菜单

菜单中各项功能如下：

下一张：跳转至下一张幻灯片。

上一张：跳转至上一张幻灯片。

上次查看过的：跳转回本幻灯片之前播放的幻灯片。

定位至幻灯片：这是一个子菜单，子菜单中顺序列出当前文件中的所有幻灯片编号及标题，通过这个子菜单可以转至任意幻灯片播放。

指针选项：这是一个子菜单，如图 5-3 所示，其中的选项可以改变放映过程中鼠标指针的外观形状及颜色。使用此项功能可以在幻灯片放映时使用鼠标画线。

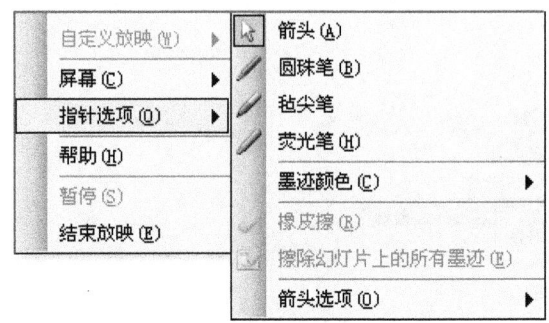

图 5-3 【指针选项】子菜单

(3) 利用播放键。在幻灯片放映时，左下角有四个颜色较浅按钮，它们的功能与右键菜单中的部分功能相对应，分别为：上一张、指针选项、除"指针选项"剩余的功能、下一张。

5.1.2 自动循环放映

在学术讲座、商务交流等场合，有时为了需要，幻灯片会循环自动放映，在这种情况下，不需要演讲者控制幻灯片的播放。实现这种效果有两种方式，一种是设置幻灯片切换中的换片方式，另一种是通过排练计时，这里只介绍第一种方式。

1. 设置自动循环放映

选择【幻灯片放映】|【幻灯片切换】菜单命令，调出【幻灯片切换】任务窗格。在【换片方式】处取消【单击鼠标时】前的勾，勾选【每隔】，并设置时间为 5 秒，如图 5-4 所示。

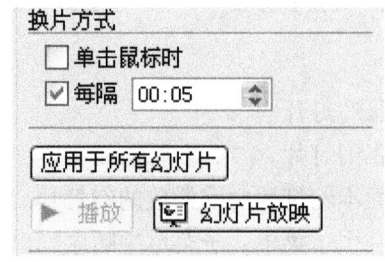

图 5-4 幻灯片切换中的自动循环放映设置

2. 查看放映效果

选择【幻灯片放映】|【观看放映】菜单命令，幻灯片自动从头开始放映，每隔 5 秒自动跳至下一张幻灯片。

5.1.3 排练计时和录制旁白

1. 排练计时

在放映每张幻灯片时，必须要有适当的时间供演示者充分表达自己的思想，采取自动放映虽然演示者可以获得解放却把握不好放映时间，排练计时可以弥补这一不足，排练计时是按照演示者的意图设置的有时限的自动播放。

在准备利用排练计时之前，我们先设置排练计时使用选项。选择【幻灯片放映】|【设置放映方式】菜单命令，在弹出的【设置放映方式】对话框中选择【换片方式】为【如果存在排练计时间，则使用它】，如图 5-5 所示。

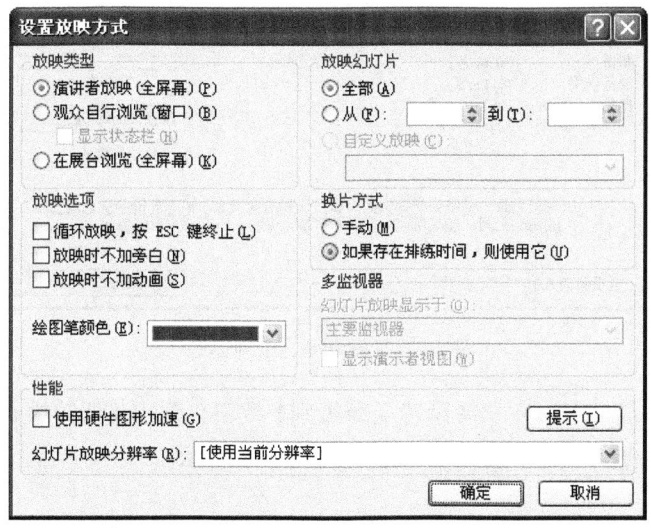

图 5-5　启用排练计时设置

选择【幻灯片放映】|【排练计时】菜单命令，幻灯片开始播放，计时开始，假定你是演讲者，自行控制播放时间。幻灯片播放结束，演练也终止，这时弹出计时结果对话框，如图 5-6 所示。

单击【是】保留结果，这时以浏览方式显示所有幻灯片，每张幻灯片下显示本幻灯片的演练时间。再次放映所有幻灯片，不进行人为控制操作，系统自动按照排练计时的时间节奏控制播放。

图 5-6　排练计时保存提示

2. 录制旁白

在"中小学课件.ppt"文件的第 3 张幻灯片上有一首古诗,在这张幻灯片上,准备为古诗配上朗读音,给幻灯片配上语音可以插入声音文件, PowerPoint 2003 提供有直接录制旁白功能,录制旁白是使用话筒录制声音作为播放语音。

(1) 打开【录制旁白】对话框。选择【幻灯片放映】|【录制旁白】菜单命令,弹出【录制旁白】对话框,如图 5-7 所示。

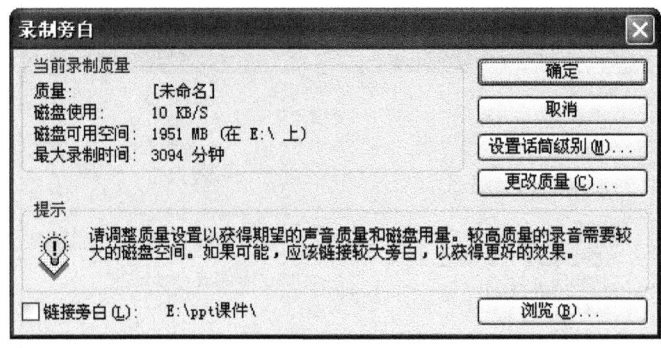

图 5-7　【录制旁白】对话框

(2) 检查话筒设置。单击【设置话筒级别】按钮,弹出【话筒检查】对话框,对话筒进行检查,然后单击【确定】按钮,如图 5-8 所示。

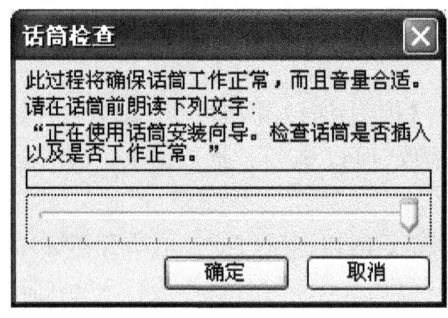

图 5-8　【话筒检查】对话框

在话筒检查的过程中，如果对着话筒朗读，没有出现声音波形图，说明话筒设置有问题，需要检查连接线。

(3) 设置声音质量。单击【更改质量】按钮，弹出【声音选定】对话框，如图 5-9 所示。

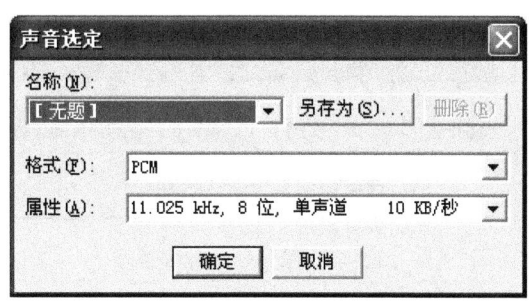

图 5-9　【声音选定】对话框

在这个对话框中可以设定将要录制的声音的质量。其中【名称】处列出了几种常见音质，自定义声音属性则选择【名称】为【无题】，然后在【属性】处挑选一个合适的声音属性。属性包括频率、位数、声道等值，最后以 XKB/秒来表示声音属性，这个 X 值越大，表示声音文件质量越高，录制产生的声音文件也越大。这里我们直接在【名称】处选择【CD 音质】，这种音质的属性是固定的，如图 5-10 所示。最后单击【确定】按钮返回上一级对话框。

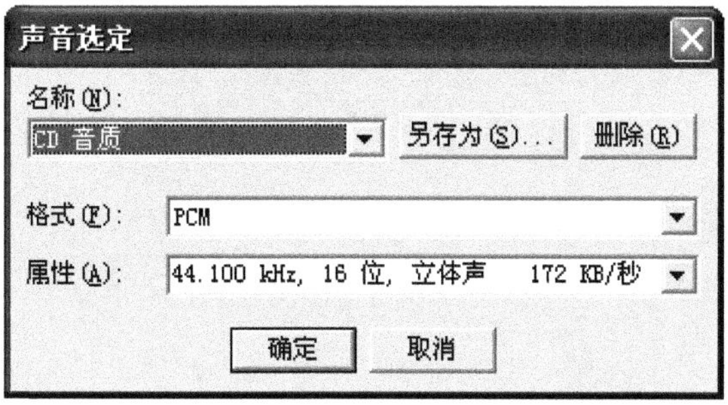

图 5-10　CD 音质

(4) 开始录制。完成【录制旁白】对话框中的相关设置后，单击【确定】按钮，跳出一个询问对话框，如图 5-11 所示，单击【当前幻灯片】按钮。

录制开始，幻灯片处于播放状态，直接对着话筒开始朗诵古诗，朗诵完毕，按 Esc 键结束录制。屏幕跳出询问窗口，如图 5-12 所示，这里单击【不保存】按钮。

图 5-11　录制旁白结束提醒

图 5-12　保存旁白对话框

(5) 录制结束。编辑工作区显示一个小喇叭图标，选择【幻灯片放映】|【自定义动画】命令，打开【自定义动画】任务窗格，可以发现其中多了一个【多媒体】的选项，将【开始】选项后的【之后】改为【单击时】，如图 5-13 所示。

图 5-13　动画列表中的旁白

上面的设置表示在幻灯片播放时,在小喇叭上单击时播放录制的旁白音。单击下面的【播放】按钮,可以马上听到录制的声音。

5.2 导航页的导航功能

5.2.1 通过超链接实现主控导航与其他幻灯片的交互

经过前面的步骤,实现了课件主控导航界面的内容布局,而导航幻灯片的导航功能还未实现,交互导航功能便于教师在课堂上对课件有效控制,分模块完成教学任务。交互导航功能主要是借助于 PowerPoint 2003 的超链接功能实现的。

1. 从导航模块跳转至相应模块功能

根据课件的内容设计,放映幻灯片时,单击不同图片时要求能跳转至相应模块的幻灯片。

(1) 选中标注文字为"语文课件"的图片,选择【插入】|【超链接】命令,打开【编辑超链接】对话框。选择【链接到】下面栏内的【本文档中的位置】图标,将会出现【请选择文档中的位置】设置列表框,在里面显示了本文档中所有的幻灯片标题,单击选择编号为 3 的幻灯片(标题为"咏鹅"),如图 5-14 所示。

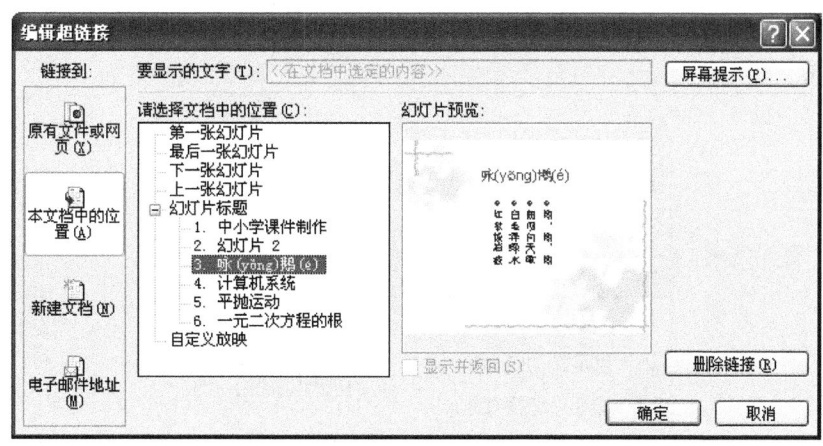

图 5-14 【编辑超链接】对话框

注意,在【请选择文档中的位置】列表框中选择某一个幻灯片时,在右边【幻灯片预览】窗口中会看到所要链接到的幻灯片的内容,这样可以确认一下超链接是否正确。最后单击【确定】按钮即可,这样就实现了标注文字为"语文课件"的图片的超链接定义。

(2) 测试超链接效果。超链接是针对放映时的跳转，所以应该在放映状态下测试链接的效果。选中导航幻灯片，单击左下角视图工具栏上的【从当前幻灯片开始幻灯片放映 Shift+F5】按钮，播放导航幻灯片后，鼠标移到"语文课件"所指图片上时，指针形状变成了小手状态，此时单击即可跳转到内容为"咏鹅"的幻灯片，实现了图片和某张幻灯片的链接。

(3)用上述方法为其他图片设置超链接，分别跳转到第 4 张、第 5 张、第 6 张幻灯片。

提示：除了对图片添加超链接，几乎所有 ppt 对象都可以添加超链接。

2. 从模块返回到导航幻灯片

通过前面的设置，我们实现了导航幻灯片上不同图片跳转到不同模块的功能。在实际应用中，通过导航跳到不同模块，在模块讲述过程中间或结束时，可能需要返回到导航幻灯片，这时，我们仍然利用超链接返回到导航部分。

下面我们以在第 3 张幻灯片返回到导航界面为例，实现返回到主控导航幻灯片的功能。

1) 添加按钮

将第 3 张幻灯片选择为当前幻灯片，准备对其进行编辑。选择【幻灯片放映】|【动作按钮】命令，在弹出的菜单中单击第一个【动作按钮：自定义】按钮，如图 5-15 所示。

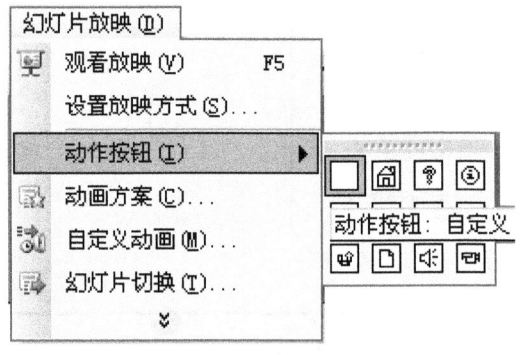

图 5-15 【动作按钮】菜单

2) 动作设置

将鼠标指针移动到幻灯片编辑工作区，这时会发现，光标变成了十字形，在幻灯片右下角拖动鼠标绘制一个合适大小的按钮，松开鼠标后弹出一个【动作设置】对话框。

在对话框中，动作按钮有两种对鼠标动作的响应方式，一种是单击时动作，另一种是鼠标移过时产生动作。通常情况下使用第一种方式。

在【单击鼠标时的动作】选项区域中选中"超链接到"单选按钮，然后在【超链接到】单选按钮的下拉列表框中选择【幻灯片】…选项，如图 5-16 所示。

图 5-16　【动作设置】对话框

系统自动弹出一个【超链接到幻灯片】对话框，在其中的【幻灯片标题】列表框中选择【幻灯片 2】选项，如图 5-17 所示，单击【确定】按钮返回上一级对话框，再次单击【确定】完成按钮添加。

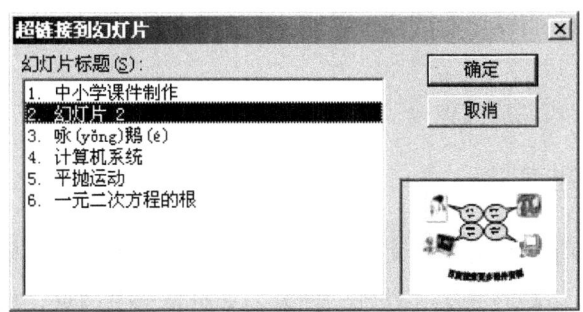

图 5-17　动作链接到幻灯片

3) 动作按钮格式设置

动作按钮作为幻灯片上的一个对象,应该和整份课件协调。设置完动作按钮的跳转功能后,需要对其进行进一步的编辑。这里主要完成两件事:按钮的外观格式和按钮上添加文本。

右键单击动作按钮,在弹出的快捷菜单中选择【设置自选图形格式】命令,如图 5-18 所示。

弹出【设置自选图形格式】对话框,在其中设置填充颜色为【按阴影配色方案】,如图 5-19 所示。在本书中提到的颜色设置,并不一定是唯一和最好的选择,但使用颜色方案更容易达到画面颜色的协调。

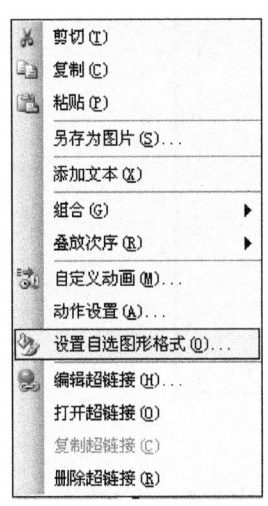 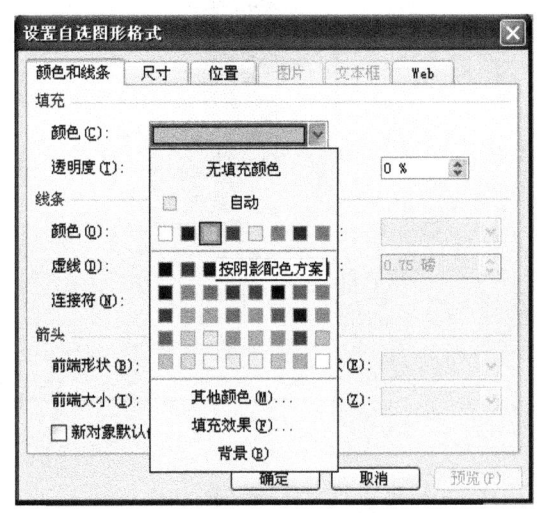

图 5-18　右键菜单【设置自选图形格式】　　图 5-19　【设置自选图形格式】对话框

按钮格式设置完成后,接下来需要给按钮添加文字。按钮上配以文字说明,使按钮作用清晰明确。右键单击按钮,选择【添加文本】,在按钮上的光标处输入"返回"。

使用同样的方式完成其他模块返回导航页的功能。

5.2.2　超链接到更多地方

超链接是一种重要的功能,可以从一个地方跳转到不同的对象,除了跳转到一张幻灯片外,还可以跳转到本文件外的地方,如打开一个网页,跳转至邮件编辑,打开一份 PPT 或其他类型文件等,其中打开网页或邮箱需要在网络环境下运行。

1. 链接到邮箱(需要网络支持)

打开"中小学课件.ppt"文件，在片头幻灯片上，有一个邮箱地址，我们选中邮箱地址文本"songguoqin321@126.com"，单击右键后选择快捷菜单中的【超链接】，弹出【插入超链接】对话框。在【插入超链接】对话框左边【链接到】下面选择【电子邮件地址】，在中间【电子邮件地址】一栏输入"songguoqin321@163.com"，在【主题】处填入"询问"，如图 5-20 所示，表示准备向此邮箱地址发送主题为"询问"的邮件。这里需要注意的是，在电子邮件地址栏内填入的地址前会自动生成"mailto:"。最后单击【确定】按钮完成超链接。

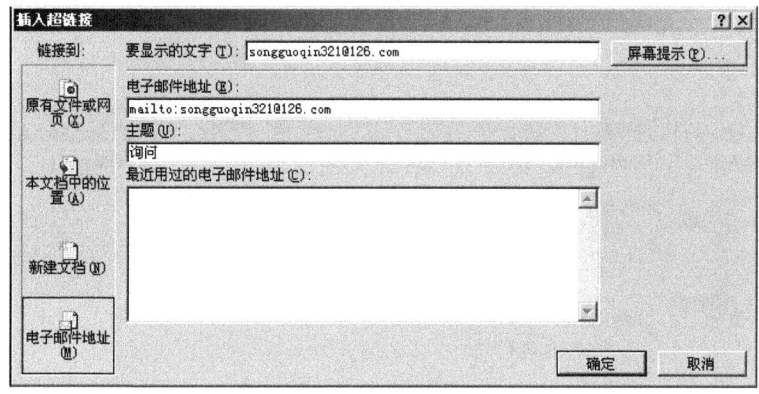

图 5-20　插入到邮箱的超链接

2. 链接到网页

在"中小学课件.ppt"文件的第 2 张幻灯片上有一个艺术字对象，我们将设置单击此艺术字可以跳转至百度的主页。选择第 2 张幻灯片作为当前幻灯片，在艺术字对象上单击右键，选择快捷菜单中的【超链接】，弹出【插入超链接】对话框。在【插入超链接】对话框左边【链接到】下面选择【原有文件或网页】，在【地址】栏内输入"www.baidu.com"，如图 5-21 所示，表示链接到这个网络地址。

3. 链接到其他 Office 文件

在"中小学课件.ppt"文件的第 52 张幻灯片上有一个艺术字对象，我们将设置单击此艺术字可以跳转至另一份 ppt 文件。右键单击"ppt 精妙动画集萃"艺术字对象，在弹出的菜单中选择【插入超链接】。在【插入超链接】对话框左边【链接到】下面选择【原有文件或网页】，在【查找范围】下面找到文件"ppt 精妙动画集萃.ppt"并单击，如图 5-22 所示，最后单击【确定】按钮。

图 5-21　插入到网页的超链接

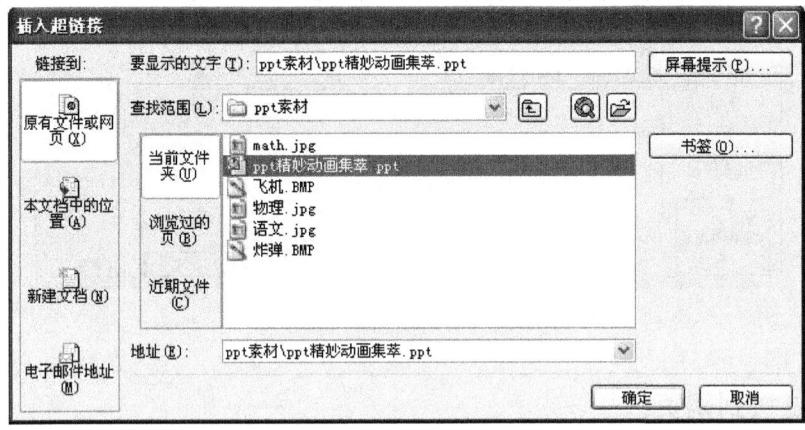

图 5-22　插入到文件的超链接

5.3　幻灯片动画

在播放幻灯片时,动画效果能使课件增色不少,同时让教学过程有节奏、有趣味。幻灯片上的文字、图片、按钮等都可设置动画。

5.3.1　片头幻灯片动画

选择【幻灯片放映】|【自定义动画】菜单命令,在窗口右部出现【自定义动画】窗格,如图 5-23 所示。因为当前没有选定任何对象,所以【自定义动画】窗格里大部分命令呈灰色状态,表示不可用。

1. 使用母版

1) 母版概念

母版是一个特殊的幻灯片，修改母版上的格式可以影响到受这种母版控制的幻灯片。常用的母版是幻灯片母版，幻灯片母版中的格式影响到所有幻灯片，这种母版又分成两种，一种是只影响到标题版式的标题母版，另一种是影响到除标题版式幻灯片外的所有幻灯片的幻灯片母版。

为什么非要用到母版呢？因为我们准备设置片头幻灯片上那些圆圈的动画，但是当单击这些图形时，根本不能选中，原因是模板将这些圆圈图形及其他很多格式都放置在相应母版中，这也解释了为什么应用一种模板时，模板的格式可以应用于所有幻灯片。

2) 进入母版

选择【视图】|【母版】|【幻灯片母版】，进入母版视图，在幻灯片缩略图窗格找到片头所使用的母版缩略图(位于窗格最上边)并单击，如图 5-24 所示。

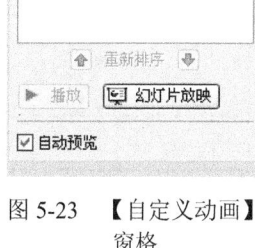

图 5-23 【自定义动画】窗格

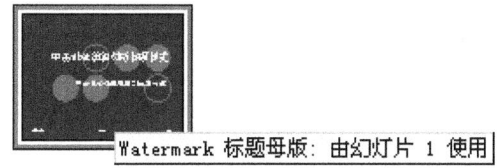

图 5-24 母版中的幻灯片缩略图

在主窗格中的母版可以进行操作了，比如其中的圆圈图形就可以选中，如图 5-25 所示。

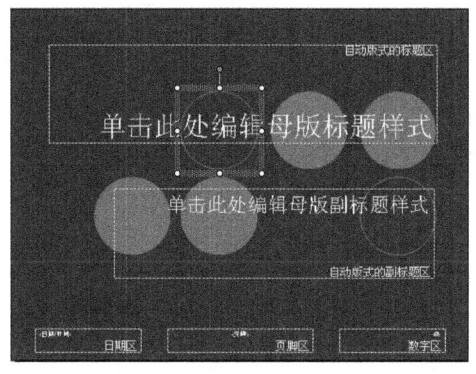

图 5-25 选中母版中的一个图形

2. 设置圆圈的动画

1) 设置一个实心圆的动画

在母版里有 4 个实心圆，选择其中一个实心圆对象(如果圆被标题遮住，可以移动标题后再点选)，在圆上单击右键并在快捷菜单中选择【自定义动画】。

在【自定义动画】窗格选择【添加效果】|【强调】|【补色】；设置【开始】选项为【之前】，表示此动画在幻灯片播放时即开始；设置【速度】选项为【非常慢】，表示动画速度缓慢。所有设置如图 5-26 所示。

2) 更多动画效果选项

在已有的动画项目上单击右键，选择快捷菜单中的【计时】，如图 5-27 所示。

弹出【补色】对话框，在【计时】选项卡中设置【重复】选项为【直到幻灯片末尾】，如图 5-28 所示，表示动画一直演示至本幻灯片结束播放时。

使用上述方式设置其他实心圆为相同动画。

3. 观看动画效果

(1) 单击【幻灯片母版视图】工具栏上的【关闭母版视图】按钮，如图 5-29 所示，退出母版视图。

图 5-26 实心圆动画设置

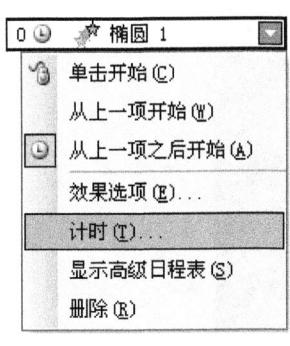

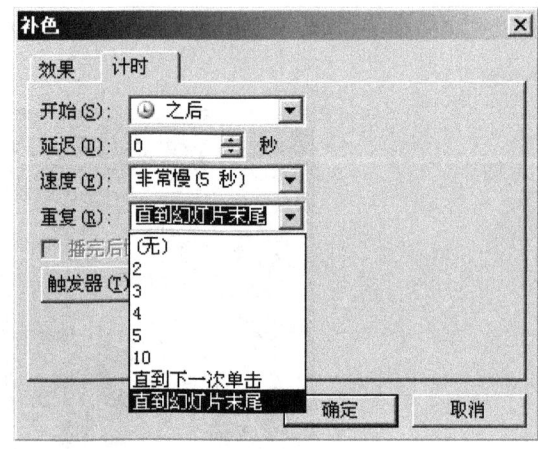

图 5-27 动画右键菜单　　　　图 5-28 【补色】动画【计时】选项

图 5-29　幻灯片母版视图工具栏

(2) 单击左下角视图工具栏上的【从当前幻灯片开始幻灯片放映 Shift+F5】按钮，观看幻灯片动画效果。

5.3.2　第 3 张幻灯片动画

1. 设置文本框动画

单击标题文本框"咏(yǒng)鹅(é)"，在【自定义动画】窗格中选择【添加效果】|【进入】|【其它效果】，弹出【添加进入效果】对话框，选择【细微型】中的【渐变】并单击【确定】按钮，如图 5-30 所示。

设置【开始】、【速度】为如图 5-31 所示的效果。

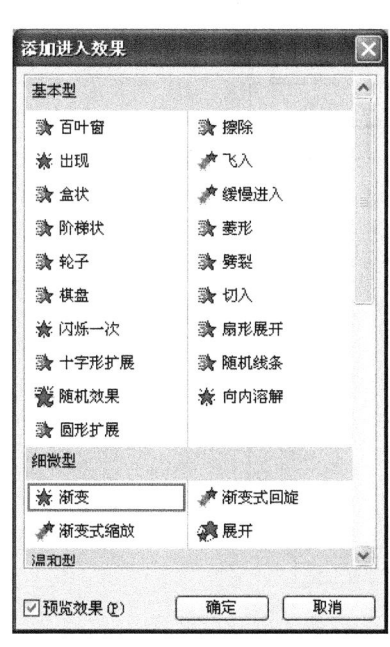

图 5-30　添加进入效果"渐变"

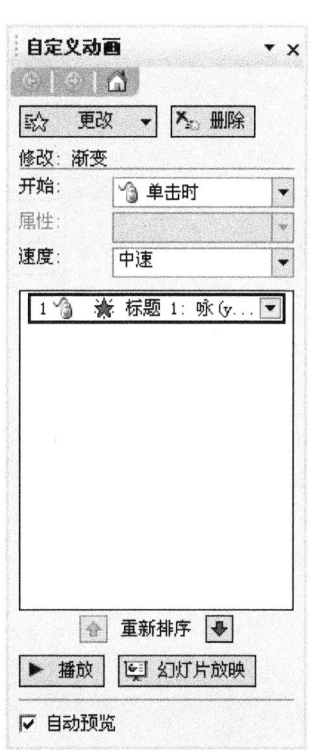

图 5-31　设置"渐变"动画的选项

2. 设置图片动画

单击幻灯片上的图片"鹅",在【自定义动画】窗格中选择【添加效果】|【进入】|【飞入】,设置【开始】、【方向】、【速度】为如图 5-32 所示的效果。

5.3.3 第 5 张幻灯片动画

1. 为飞机设置动画

(1) 选中工作区上的飞机图片,选择【幻灯片放映】|【自定义动画】菜单命令,打开【自定义动画】任务窗格。单击【添加效果】按钮,在弹出的下拉菜单中选择【动作路径】|【向右】命令,工作区出现向右运动的路径,上面有一些控制符号,如图 5-33 所示,其中绿色是起点,红色是终点。

图 5-32 "咏鹅"图片动画设置

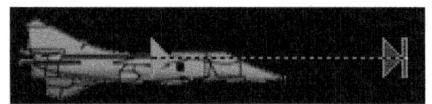

图 5-33　动作路径线迹

(2) 调整路径。单击最右边的红色箭头，箭头上面出现一个白色的小圆点，鼠标指向这个小圆点时会变为黑色双箭头形状，此时拖动鼠标可以将路径延伸，将路径沿水平方向延伸至最右边，如图 5-34 所示。

图 5-34　动作路径线延长

2．定义炸弹平抛运动

(1) 选中飞机下的炸弹图片，在【自定义动画】任务窗格中，单击【添加效果】按钮，在弹出的菜单中选择【动作路径】|【绘制自定义路径】|【曲线】命令。鼠标指针变成"十字"形状，现在就可以从炸弹所处的位置开始绘制曲线了。拖动鼠标向右下移动，单击鼠标左键可留下编辑点，一定要留下至少 3 个编辑点，在拖动过程中曲线形状有些瑕疵没关系，后面还可对曲线进行详细编辑，最后双击左键表示路径绘制完成，如图 5-35 所示。

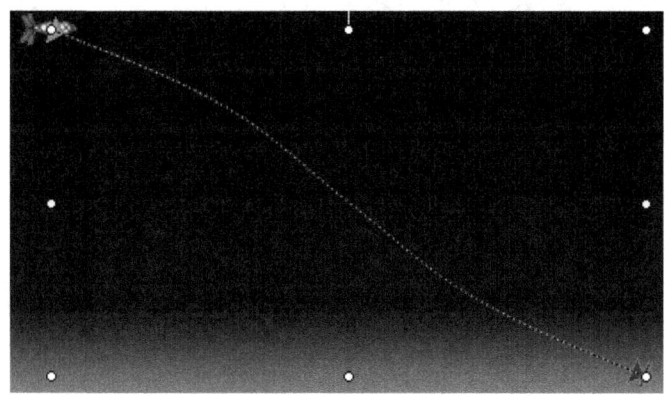

图 5-35　绘制粗略路径曲线

(2) 在已绘制的路径上单击右键选择【编辑顶点】，这时我们可以看到原来设置的起止点，中间的编辑点都出现了，如图 5-36 所示。

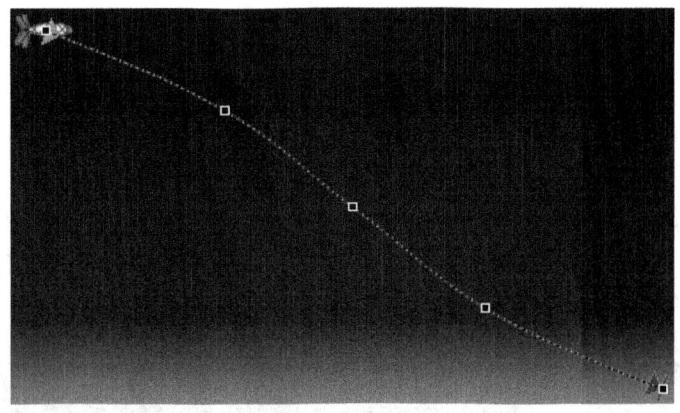

图 5-36　编辑曲线

拖动这些点可以调整曲线的形状，最后设置效果如图 5-37 所示。

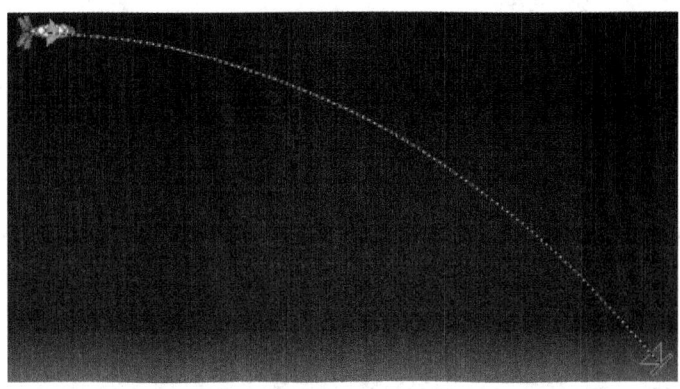

图 5-37　最终曲线路径

3. 设置飞机和炸弹同时飞行

在【自定义动画】任务窗格中单击炸弹动画，如图 5-38 所示，在【开始】下拉列表框中选择【之前】，这样设置可以使飞机和第一颗炸弹的动画同时发生。

5.4　课件的打包与发布

课件的发布是指在一台计算机上做出的课件如何在其他计算机上使用。一般我们会采用移动设备或网络将课件发布，如果课件的内容比较丰富、复杂，在发布前需要其他整理手段，比如课件的打包。

图 5-38　炸弹动画开始时间设置

5.4.1　课件的直接复制

直接将课件复制或保存在网盘中是课件发布的一个好途径，它简单、方便、快捷，是我们发布课件的常规手段。但要注意以下两个问题：

(1) 课件文件和课件素材最好放在一个文件夹中。这是因为课件在其他计算机上播放时，要正常显示课件中插入的外部图片、音乐和视频文件，PowerPoint 2003 会按照设计课件时的插入路径去找，如果找不到，它就会查找当前课件所在文件夹，这样能避免因为更换计算机而找不到原文件的情况。

(2) 放映幻灯片的计算机必须装有 PowerPoint 2003 及其兼容软件。PowerPoint 2003 的兼容软件有 PowerPoint 2007 和 PowerPoint 2010，也包括以后发布的 PowerPoint 更高版本。安装了上述软件的计算机，可以正常使用 PowerPoint 2003 课件。另外，就比较而言，Office 2003 更稳定和普及。

计算机上安装了 PowerPoint 2003 之前的版本(这种情况现在很少)和其他公司的同性质软件(比如金山公司的演示软件)，不能使用 PowerPoint 2003 课件。

5.4.2 课件的打包

含有大量视频素材的课件占用了较多的存储空间，直接复制可能会有些困难，可以使用课件打包将课件整体打包成一张CD。打包后的课件在没有PowerPoint 2003及其兼容软件环境下也能使用。

(1) 打开"中小学课件.ppt"幻灯片文件，选择【文件】|【打包成CD】菜单命令，弹出【打包成CD】对话框，如图5-39所示。

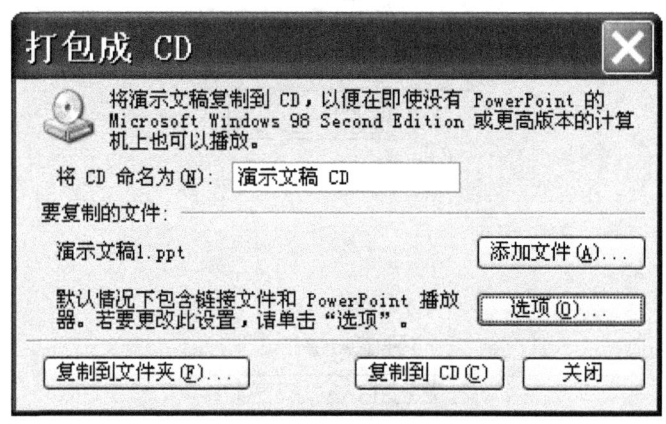

图5-39 【打包成CD】对话框

(2) 在【打包成CD】对话框中，列出了一些打包选项，可以在【将CD命名为】后面的文本框中输入打包的CD名称，如果课件不是特别大，可以单击【复制到文件夹】按钮将课件打包到U盘上；如果课件实在太大，可以单击【复制到CD】按钮，直接将课件打包到CD上(前提是计算机必须安装了刻录机)。如果对打包的设置有特殊要求，还可以单击其中的【选项】按钮打开【选项】对话框，重新设置一些打包参数，如图5-40所示。

(3) 建议选中【包含这些文件】选项区域中的所有选项。如果需要，还可以为课件设置一个使用密码或者修改密码，如图5-40所示。

5.4.3 课件保存为网页

目前，网络课件非常流行，PowerPoint 2003中也提供了课件发布到网络的方式。以课件"中小学课件.ppt"为例，我们将其另存为网页文件以备网络发布。

选择【文件】|【另存为网页】菜单命令，打开【另存为】对话框，如图5-41所示。

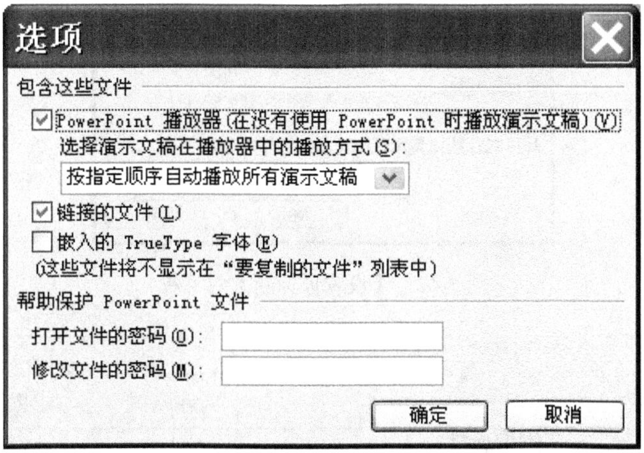

图 5-40 【选项】对话框

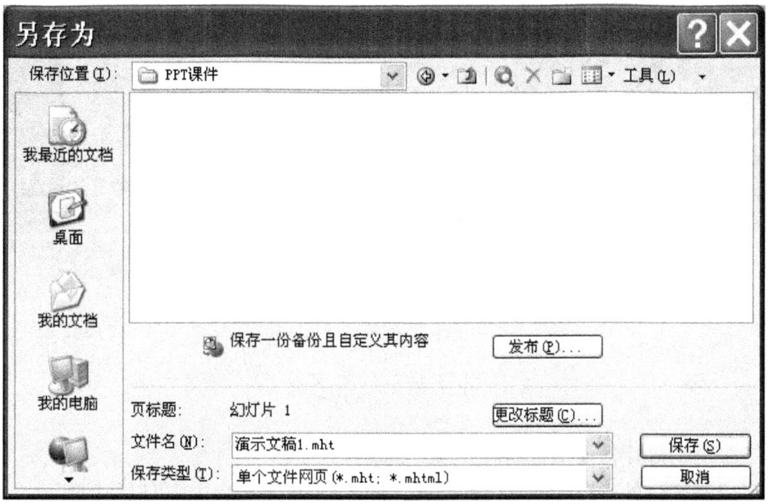

图 5-41 【另存为】对话框

单击【更改标题】按钮，弹出【设置页标题】对话框，在其中的【页标题】文本框中输入"中小学课件"，如图 5-42 所示。单击【确定】按钮返回【另存为】对话框。

单击【发布】按钮，出现【发布为网页】对话框，在【发布内容】选项区域中选中【整个演示文稿】单选按钮，选中【在浏览器中打开已发布的网页】复选框，最后单击【发布】按钮，系统自动处理并调用 IE 浏览器打开刚发布的课件，如图 5-43 所示。

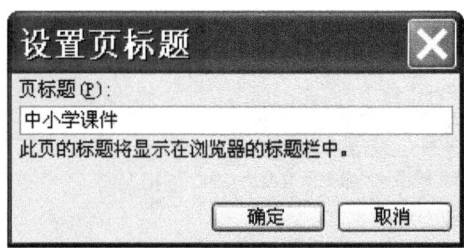

图 5-42 【设置页标题】对话框

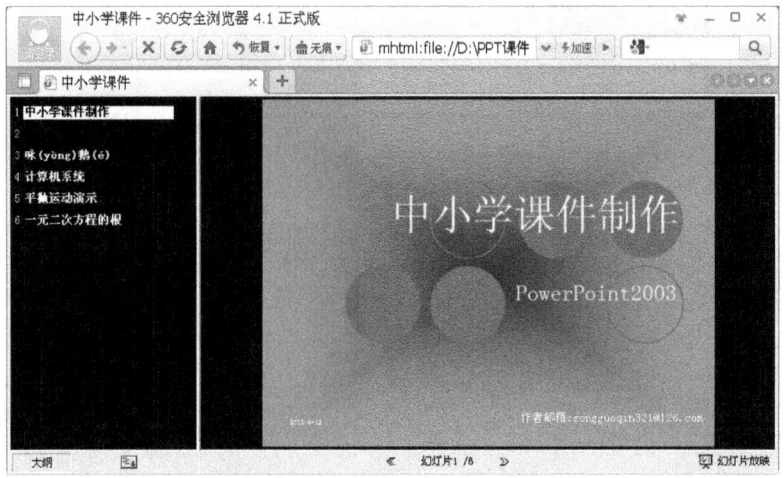

图 5-43 在浏览器中查看网页幻灯片

思考与练习

(1) 什么样的幻灯片常使用自动播放方式放映？

(2) 除了录制旁白处可以录制自己的声音，PowerPoint 2003 中还可以使用其他方式录制声音吗？

(3) 超链接可以链接到任意文件吗？

(4) 打包之后的 PPT 文件可以在未安装 PowerPoint 2003 的计算机上运行吗？

(5) 打开"ppt 精妙动画集萃.ppt"幻灯片文件，识别出其中每张幻灯片的对象及其动画。

第6章 Flash 基础知识

6.1 Flash 简介

Flash 是由 Macromedia 公司推出的交互式矢量图和 Web 动画的标准，由于 Flash 文件体积小巧、易于在网络上快速广泛传播，并且可以包含绝大多数的媒体类型，因此近年来成为多媒体文件制作的一种首选文件格式。同时，Flash 又是一种设计制作 Flash 文件的软件，Flash 软件的前身是 Future Wave 公司的 Future Splash，是世界上第一个商用的二维矢量动画软件，用于设计和编辑 Flash 文档。1996 年 11 月，美国 Macromedia 公司收购了 Future Wave，并将其改名为 Flash。在出到 Flash 8(数字代表软件的版本号)以后，Macromedia 又被 Adobe 公司收购。因此现在 Flash 除了指 Flash 这种多媒体的文件格式之外，也指制作 Flash 文件的软件，最新的 Flash 制作软件为 Flash CS 5.5，发布于 2011 年 5 月，本书主要以现阶段使用比较多的 Flash CS 4 作为讲解软件。

Flash 是以流媒体播放技术和矢量图形技术等为代表的一种创作工具，能够将矢量图、位图、音频、视频、动画和深一层交互动作有机地、灵活地结合在一起，从而制作出美观、新奇、交互性更强的动画效果。设计人员和开发人员可以用它来创建演示文稿、应用程序和其他允许用户交互的内容。Flash 可以包含简单的动画、音频、视频内容、复杂演示文稿和带脚本的动画以及介于它们之间的任何内容。用 Flash 制作的动画具有短小精干并给予制作者极大自由创作空间的特点，所以 Flash 受到了广大网页设计者的青睐，被广泛用于网页动画的设计和课件的制作中，成为当今流行的网页设计软件之一。

在课件制作中，Flash 相比于其他的多媒体制作软件有众多的优势：

(1) 使用矢量图形和流媒体播放技术。在 Flash 课件中，除了可以导入位图外，还能使用绘图工具绘制缩放尺寸而不影响图片质量的矢量图形；流媒体播放技术可以让上传到网络上的 Flash 课件可以边下载边播放，更利于广泛传播。

(2) 通过使用关键帧和矢量图形使得所生成的动画文件非常小。在课件中使用矢量图形、时间轴和关键帧，让我们可以设置比较精确的动画而又让课件体积很小，方便存储和在网络上的传播。

(3) 可以把音乐、动画、声效、交互方式融合在一起。Flash 课件中可以包含丰富的多媒体元素，基本涵盖了所有类型的媒体文件，使教师讲课时的课件具有多方位的演示效果，使课件效果更精彩。

(4) 交互性优势，可以更好地满足所有用户的需要。在 Flash 课件中既包含了各种简单动画的设置又包含了定义更清晰、明确的脚本语言 Action Script，可以设计出功能更强大、更复杂的交互式操作的课件。

(5) 多种文件导入导出格式。为了使 Flash 设计出的课件能在本地电脑的各种播放器中运行和在网络上快速播放，Flash 也支持各种定义的文件导出方式，方便使用者调用。

6.2　界　面　介　绍

在使用 Flash 编辑软件制作课件之前，我们首先需要对 Flash CS4 这款软件有基本的了解和认识，本节主要从 Flash 编辑软件的界面着手进行讲解。

新建一个 Flash 文件有多种方法，第一种是启动 Flash 软件时，在显示的开始页面中单击【新建】标签下面的选项进行新建文档的操作，如图 6-1 所示。其中制作课件时主要用到的是【ActionScript 2.0】和【ActionScript 3.0】，前者是 Flash 旧的脚本语言支持，后者是新的脚本语言支持，而在界面的设计上则完全一致，关于 ActionScript 脚本语言的简单介绍我们会在后面的章节进行演示。

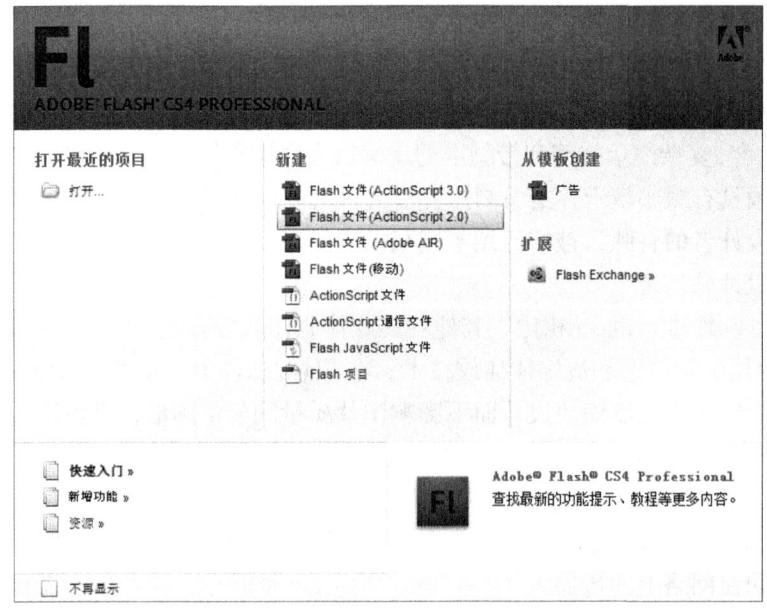

图 6-1　Flash 的首页

在开始菜单中选择【文件】|【新建】命令或使用快捷键 Ctrl + N，在弹出的【新建文档】对话框中选择项目也可以新建文档，如图 6-2 所示。

打开 Flash CS4 文件后，会出现 Flash CS4 的操作界面，它由标题栏、菜单栏、工具箱、时间轴、舞台、属性页和库等组成，如图 6-3 所示。

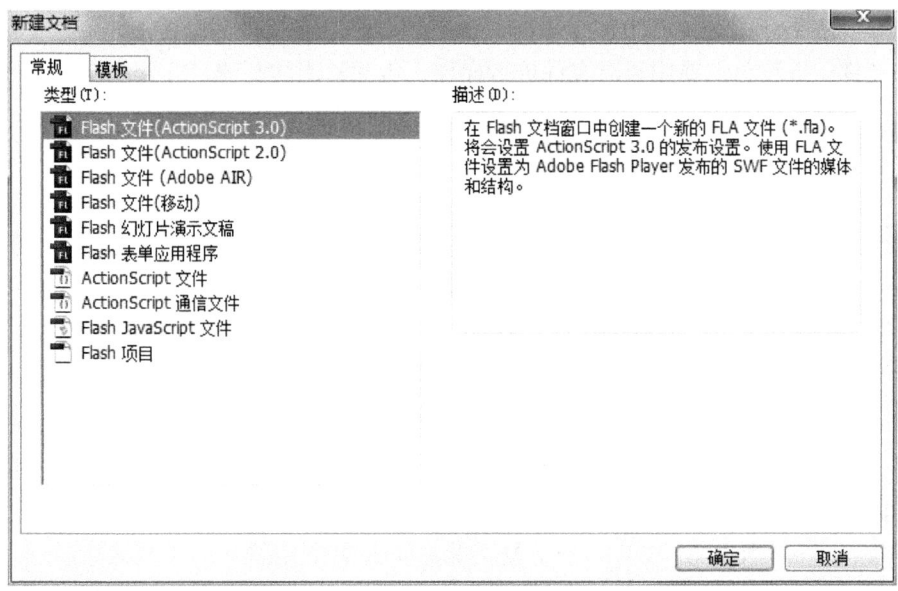

图 6-2　新建文档

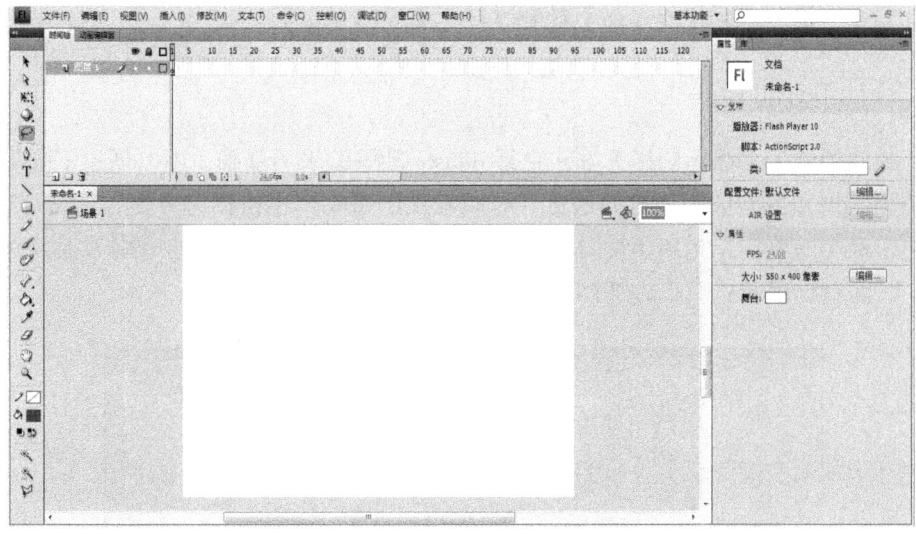

图 6-3　Flash 的界面

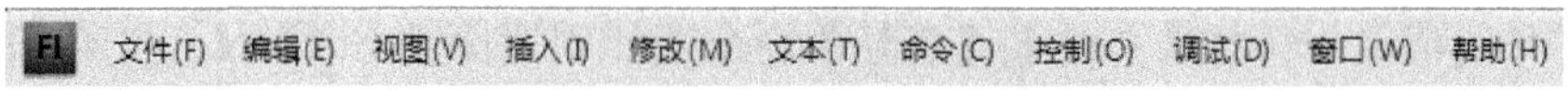

图 6-4　菜单栏

6.2.1　菜单栏

本节主要介绍菜单栏中最常用的四个选项，如图 6-4 所示，具体如下：

文件：该菜单主要用于对文件进行操作，包括常用的新建、打开、关闭、保存、导入、导出、发布和退出等命令。

插入：该菜单主要用于执行向文档中插入各种元件、图层和场景等操作。

控制：该菜单包含了动画的播放控制功能和测试功能，在编辑状态下控制文档的播放进程等。

窗口：该菜单主要用于控制各种面板的显示和隐藏，包括各种浮动面板、时间轴、属性和库等。

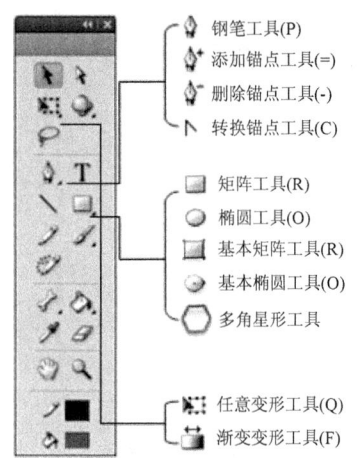

图 6-5　工具箱

6.2.2　工具箱

如图 6-5 所示，其中列出了整个工具箱面板，对于工具图标右下角有三角符号的工具表示该工具还有扩展项，持续点击三角形符号则可以展开该工具的扩展选项。比较常用的工具有【选择工具】、【任意变形工具】、【文字工具】、【画笔工具】、【图形工具】、【油漆桶工具】以及【橡皮擦工具】。

6.2.3　时间轴

时间轴位于文档标题栏下方，它是 Flash 动画编辑的基础，用以创建不同类型的动画效果和控制动画播放的预览。时间轴上的每一个小格称为一帧，它是 Flash 动画中最小的单位，相当于计时器。在时间轴左边是图层区，右边分别为播放头、帧、时间轴标尺及状态栏，如图 6-6 所示。

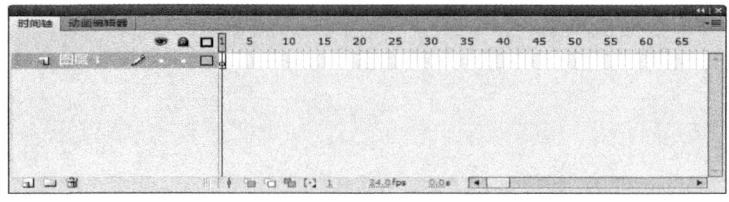

图 6-6　时间轴

6.2.4 属性页

在 Flash CS4 中,属性页默认在整个软件窗口最右边位置停靠。其中的内容随着在舞台上所选内容的不同而改变,如图 6-7 所示。在属性页中可以设置文字、图形以及元件的各种状态及动画效果,这些是产生丰富动画效果不可缺少的部分。

6.2.5 库

库是 Flash 特有的一个概念,相当于在生活中人们装东西用的仓库。在 Flash 中,库和属性页一样,位于舞台的右边,一般和属性页在一个标签栏上。库中主要包含两类东西,第一类是当前动画所有使用到的外来素材,如导入的文字字体、音频、视频及大量的图片信息;第二类是由该动画所产生的各种元件,如图形元件、按钮以及影片剪辑,如图 6-8 所示。在制作大型动画时,一个动画中可能包含了成百上千的图片、声音等,当需要再次编辑它们时,库提供了一个方便查找的手段。

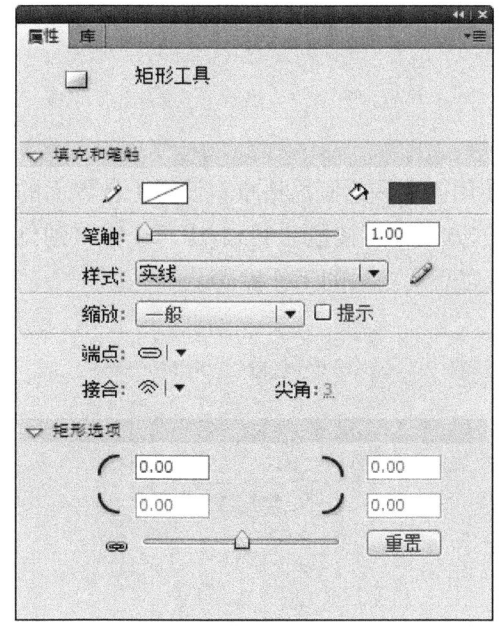

图 6-7 属性页

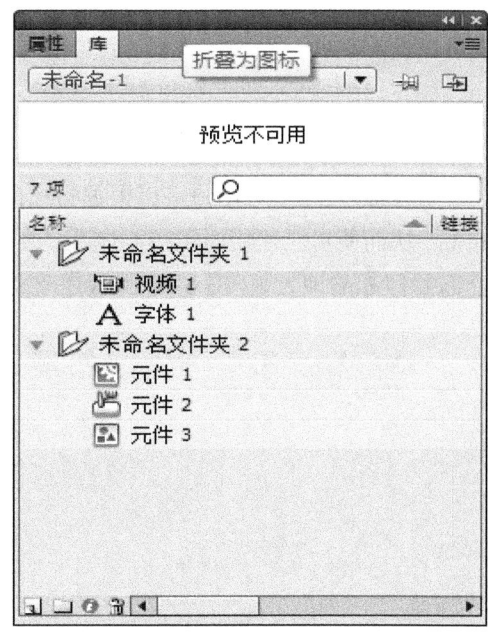

图 6-8 库

6.2.6 舞台

舞台位于时间轴的下方,它展示给观众最直观的界面,用户可以在舞台上绘制、编辑各种矢量图、文本框、按钮、导入的位图、视频等多媒体元素。舞台是导出文件后能够显示的部分，而除去舞台以外的灰色区域在导出后是不能被显示的，如图6-9 所示。

图 6-9　舞台

6.2.7　工作界面的调整

在 Flash CS4 中，用户可以根据自己的使用习惯和绘制风格重新设置工作界面的布局，从而使自己使用时更得心应手，改变的方法是直接拖动 Flash 中每个窗口到自己需要停靠的地方，图 6-10 所示是改变窗口布局之后的工作界面。

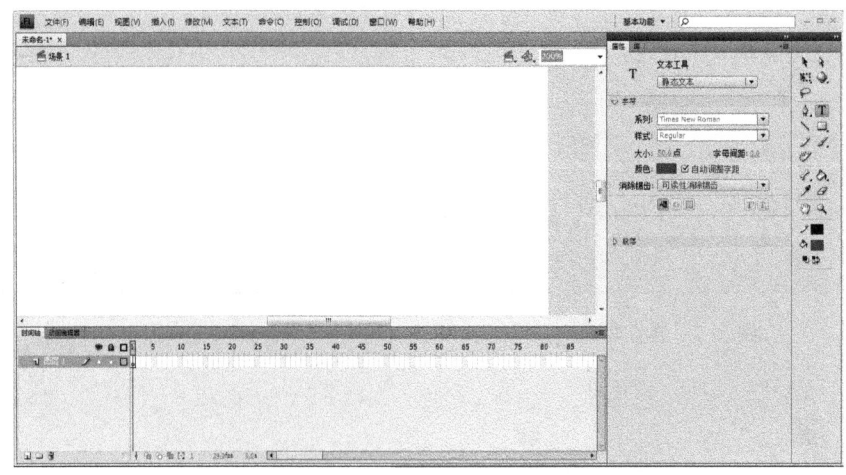

图 6-10　改变布局之后的工作界面

6.3 文档的基本操作

在 6.2 中我们介绍了如何新建一个 Flash 文档,这一节将介绍如何打开已存在的 Flash 文档,并对文档的属性设置以及保存功能进行讲解。

6.3.1 打开已有文档

通过"开始"页,可以单击【打开最近的项目】标签下的【打开】选项,调出【打开】对话框,进行打开文档的操作。如果曾经创建过文档,在【打开最近的项目】标签下会显示曾经操作过的文档名称,直接单击就可以打开此文档。

还有几种方法可以打开文档:①选择【文件】|【打开】命令;②单击工具栏中的【打开】按钮;③使用快捷键 Ctrl+O,弹出【打开】对话框,定位到文件,单击【打开】按钮,即可以打开文档,如图 6-11 所示。

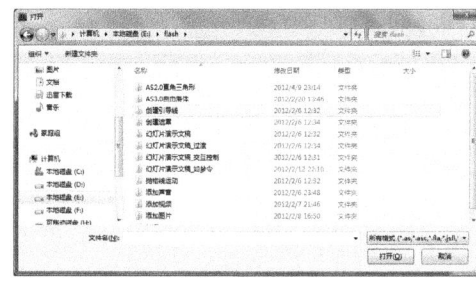
图 6-11 【打开】对话框

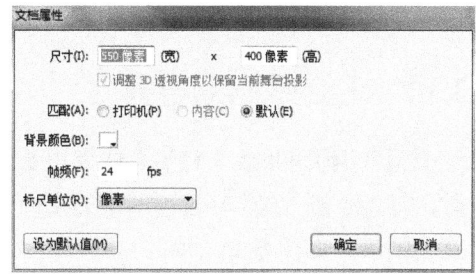
图 6-12 【文档属性】对话框

6.3.2 设置文档属性

设置文档属性有两种方法,第一种方法是在【舞台】中点击鼠标右键,选择【文档属性】中设置新文档或现有文档的属性,如图 6-12 所示。第二种方法是在【属性】面板中更改文档属性。

由于 Flash 版本众多,有一点需要特别指出的是,在新建文档时需要注意是以 ActionScript 2.0 方式新建还是以 ActionScript 3.0 方式新建的文档,这两种不同类型的 Flash 文档在进入后台的脚本语言讲解时差异非常大。如果新建文档设置脚本语言方式错误的时候,还可以通过转换脚本语言的方式加以更改,方法是通过菜单栏【文件】|【发布设置】|【Flash】选项卡中设置【脚本】,选择所需脚本类型,如图 6-13

所示。

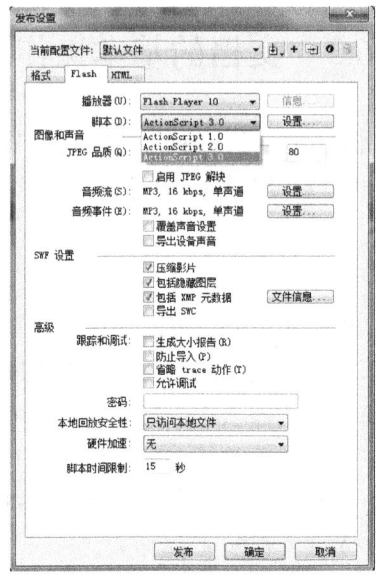

图 6-13 【发布设置】对话框

6.3.3 文档的保存与导出

新建并编辑 Flash 文档后，如果想要以后使用，必须保存文档。包含未保存的修改时，文档标题栏和文档选项卡中的文档名称上会出现一个星号"*"，保存文档后星号就会消失，如图 6-14 所示。

选择【文件】|【保存】命令或者使用快捷键 Ctrl+S，可以按照打开或新建文件的位置保存文档；而选择【打开】|【另存为】命令或者使用快捷键 Ctrl+Shift+S，则可以按照用户所需要的保存路径进行文件的保存。

这里有一点需要强调的是，通过 Flash 制作软件制作的课件保存后的默认格式为".fla"文件，这种类型的文件是制作文件，而实际最终制作的 Flash 播放文件一般为".swf"类型的文件，是 Flash 专有的播放文件格式。其具体的导出方法是通过菜单栏【文件】|【导出】命令，选择【导出影片】实现的，如图 6-15 所

图 6-14 未保存的文档

示。

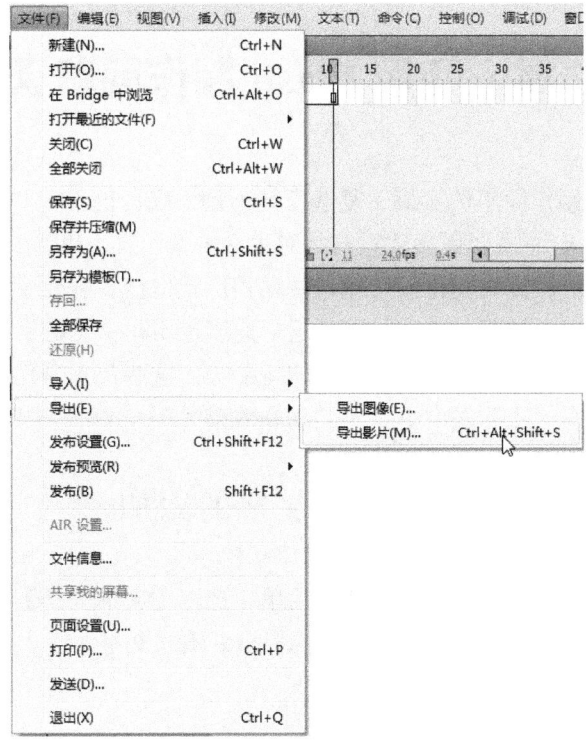

图 6-15　导出影片

思考与练习

(1) Flash 是什么？Flash 有哪些特点？
(2) 在制作 Flash 动画时，如果要改变动画中运动的快慢，应该在界面中哪个面板中调节？
(3) Flash 动画文件所使用到的资源(如声音、图片等)可以在什么面板下找到？
(4) 当 Flash 动画制作完毕之后，通过什么样的步骤可以把 Flash 文件制作成可以供 Flash 播放器播放的 swf 文件？

第 7 章　使用 Flash 制作简单课件实例

用 Flash 制作简单的实例，复杂度并不是太高，也不需要使用太多的脚本语言（ActionScript），而需要更多注意的是对生活中真实发生事情的模拟。例如，太阳的影子会随着太阳位置的变化而变化，并且其形状也会发生改变；风吹过时，树叶是按照一定的不规则的路径移动，而其运行速度也不是一定的；物体落地时不会一成不变，根据材质的不同可能发生不同的变形等，这些都是制作动画时需要考虑的内容，只有结合实际才能做出更真实的动画效果。

7.1　文字的添加

在 Flash 中，输入文本的方法很简单，选择【文本工具】T，在舞台中单击鼠标或拖动鼠标即可插入文本框，在光标提示处输入文本，输入方法和 PowerPoint 中的插入文本框类似。具体操作步骤如下：

(1) 选取工具箱中的【文本工具】。

(2) 当选取了文本工具之后，鼠标在舞台上会显示为 十 形状。

(3) 按住鼠标左键并拖动就会出现矩形文本框，光标开始闪烁，表明可以输入文字了，如图 7-1 所示。

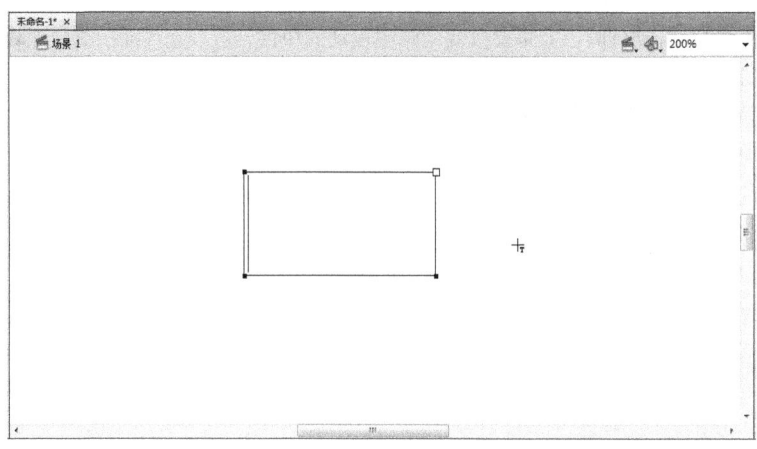

图 7-1　出现文本框

(4) 在文本框中输入文字"抛物线",如图 7-2 所示。

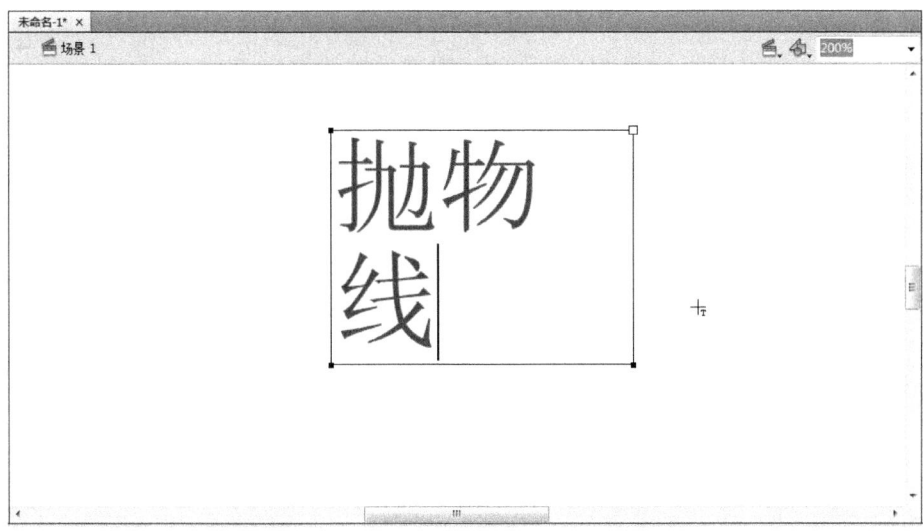

图 7-2 输入文本

(5) 若输入的文字长度超过文本框的长度就会自动换行。将鼠标指针放在文本框右上角的白色方框手柄上,当鼠标指针变成双向黑色箭头时,拖动鼠标可以改变文本框的长度,如图 7-3 所示。

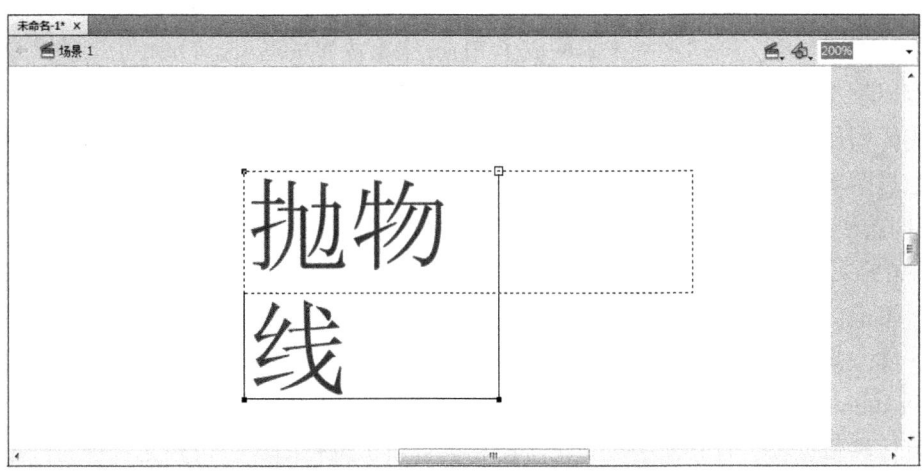

图 7-3 改变文本框的长度

(6) 输入并调整文本后,选择工具箱中的【选择工具】,此时文本框内的光标不再闪烁,表示已经取消文本的输入状态,如图 7-4 所示,同时也就可以将文本框拖动到舞台中的其他所需位置去了,双击文本框又会回到文本输入状态。

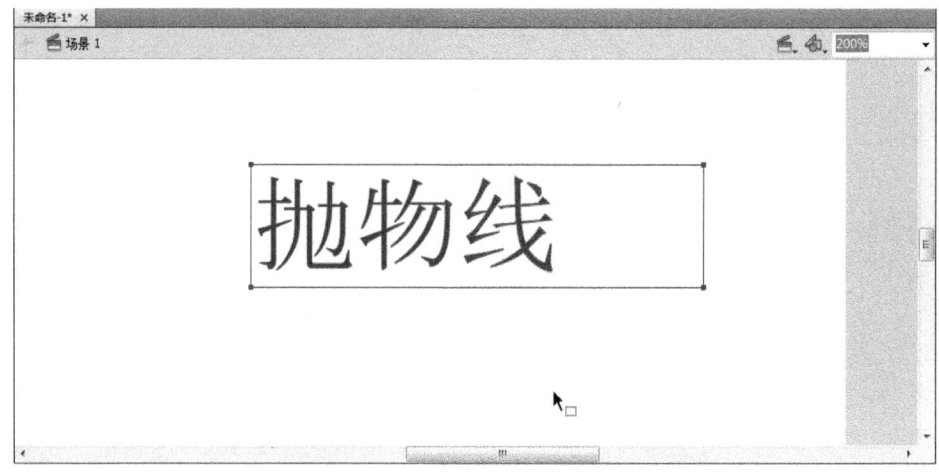

图 7-4　取消文本的输入状态

7.2　图的添加及变形

在 Flash 的制作中,除了文字,图也是非常重要的一类元素。Flash 中可以有多种图的信息:可以是通过 Flash 自带的工具绘制的图形,也可以是直接使用 Flash 自身之外的图片源。图的多种来源构成了 Flash 丰富内容的基础。Flash 中图的来源主要有以下 3 种:①通过【铅笔工具】、【钢笔工具】或【刷子工具】,制作者自身画出所需的图形;②通过菜单栏中【窗口】|【公用库】|【按钮】中添加按钮类型图元;③通过菜单栏中【文件】|【导入】|【导入到舞台】或【导入到库】的方式,把外界图片导入到 Flash 中直接使用。其中 Flash 支持多种导入的外来图片格式,如 JPG/JPEG、GIF、PNG 和 BMP 等。

下面以一个"匀速直线运动"的物理课件为例,讲解 Flash 中图的使用。

(1) 通过网络下载或其他途径得到一张汽车图片,使用图片编辑软件(如 Photoshop 等。由于本书只介绍 Flash 相关的课件制作方法,因此这里不再讲解图片的具体编辑过程,有兴趣的读者请查阅相关资料)编辑图片,得到无背景的汽车图片一张。我们需要把制作好的图片保存为 PNG 格式,因为只有这种格式可以让编辑好的图片在 Flash 中只显示我们所需要的"汽车"而不显示图片中"汽车"的背景,如图 7-5 所示。然后,新建一个 Flash 文档,通过菜单栏中【文件】|【导入】|【导

入到库】的命令把刚才得到的 PNG 图片导入 Flash 文档中。

图 7-5 制作素材图片"汽车"

(2) 为了使动画更生动，我们截取一个"轮胎"的图片，使用步骤(1)的方法导入 Flash 文档中。在这里我们要注意的是，因为制作的"轮胎"图片需要在以后动画设置的时候转动，要确保轮胎图形的中心点和整个图片的中心点对齐。由于我们需要设计动画效果，因此需要把"汽车"和"轮胎"都转换成【元件】中【图形】类型，如图 7-6 所示。

(3) 在使用 Flash 做课件时，一般从外部导入的图片、声音或者视频等多媒体资源一般都在 Flash 的【库】中。因此我们打开【库】的窗口，把"汽车"元件从【库】中直接拖动到舞台上，使用【任意变形工具】调整"汽车"的大小和位置，在这里按住 Shift 键调整图片或图形的大小时可以保持原图片或图形的比例进行缩放，如图 7-7 所示。

图 7-6 导入 PNG 图片到【库】

(4) 在时间轴上新建一个图层，在该图层上使用【线条工具】绘制一条直线作为"汽车"行驶的路面，注意使"路面"和"汽车"的"轮胎"吻合，如图 7-8 所示。

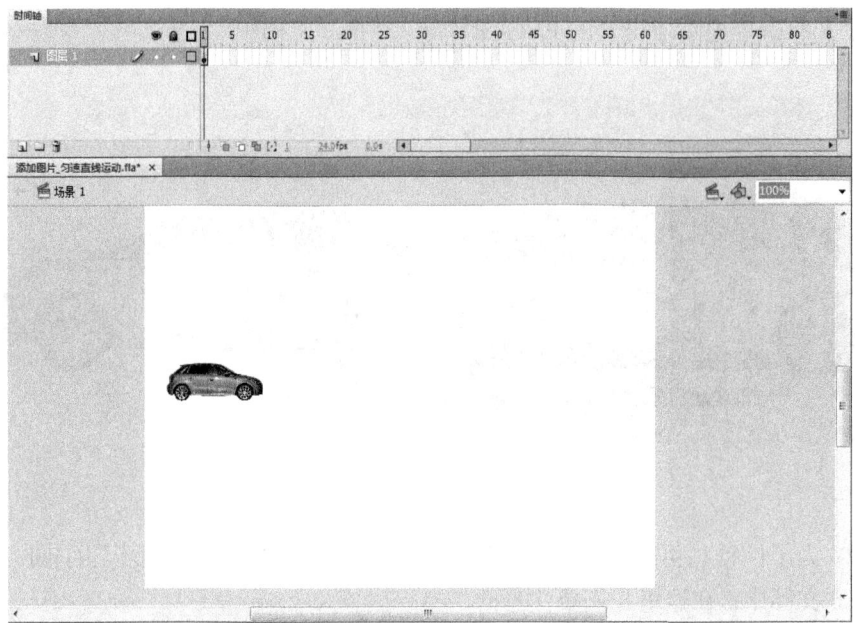

图 7-7 拖动图片到【舞台】

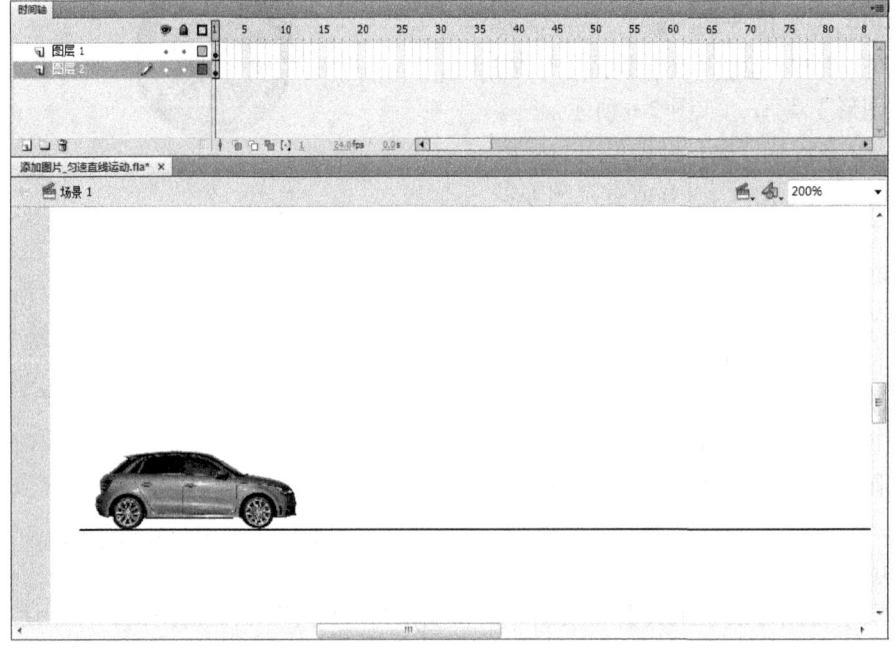

图 7-8 绘制"路面"

(5) 在"汽车"所在图层 1 新建动画效果。具体方法是：在"汽车"图层 1 的时间轴 80 帧位置点击鼠标右键，在弹出菜单中选择【插入关键帧】；在"路面"图层 2 的时间轴 80 帧位置时，选择【插入帧】。在图层 1 的 80 帧位置，把"汽车"移动到"路面"尽头位置，然后在图层 1 时间轴的第 1 帧和 80 帧之间任意一帧的位置上点击鼠标右键，在弹出的菜单中选择【创建传统补间】即完成了"汽车"行驶的动画，如图 7-9 所示。在 Flash CS4 中，从方便制作者的角度出发，Flash 中添加了新的"创建补间动画"的方法。"传统的补间"需要设置起点位置和终点位置，而新的"补间"只需要设置起点位置，之后的运动轨迹可以随时调整，这样大大节约了动画制作的时间。

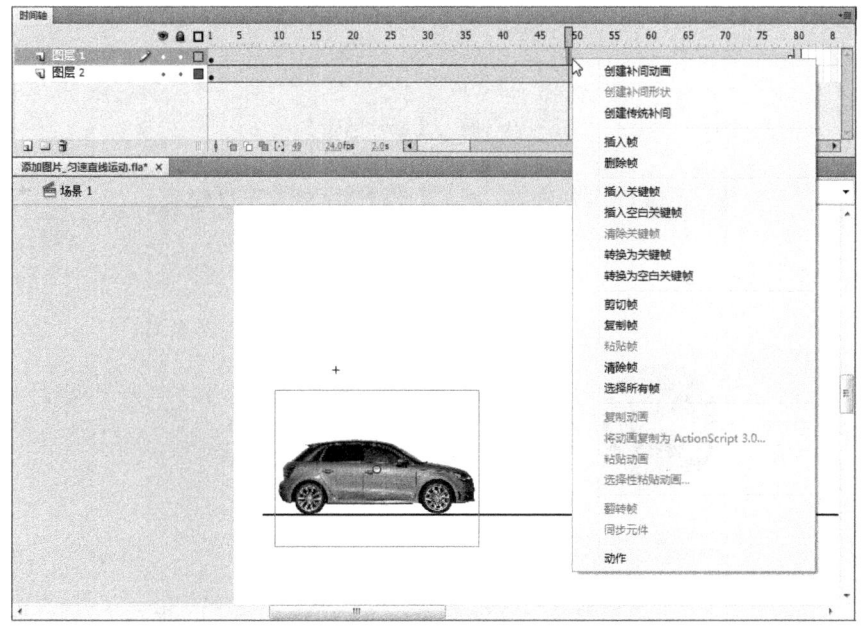

图 7-9 创建补间动画

(6) 基本的动画效果做好之后，我们发觉还是有不完美的地方，"汽车"行驶时，"轮胎"并没有转动，这时可以用到步骤(2)加入的"轮胎"元件。在菜单栏【插入】|【新建元件】中新建一个【影片剪辑】类型的元件"轮胎转动"，如图 7-10 所示。

(7) 在"轮胎转动"的【影片剪辑】中，从【库】中把"轮胎"元件拖入到舞台，在时间轴第 10 帧位置【插入关键帧】，然后在之间添加补间动画，和前面"汽车"动画不同的是，选中具有补间动画的任意一帧，在【属性】面板中【补间】|【旋转】选项，设置为【顺时针】，转动周数为 1，如图 7-11 所示。

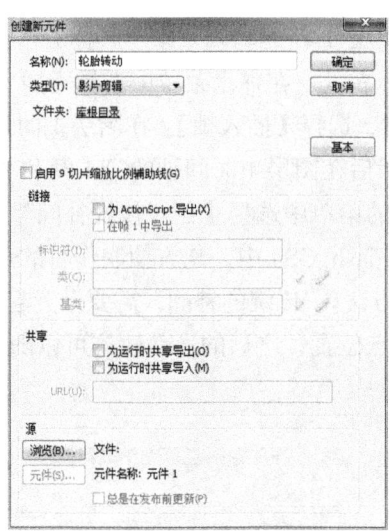

图 7-10 插入【影片剪辑】

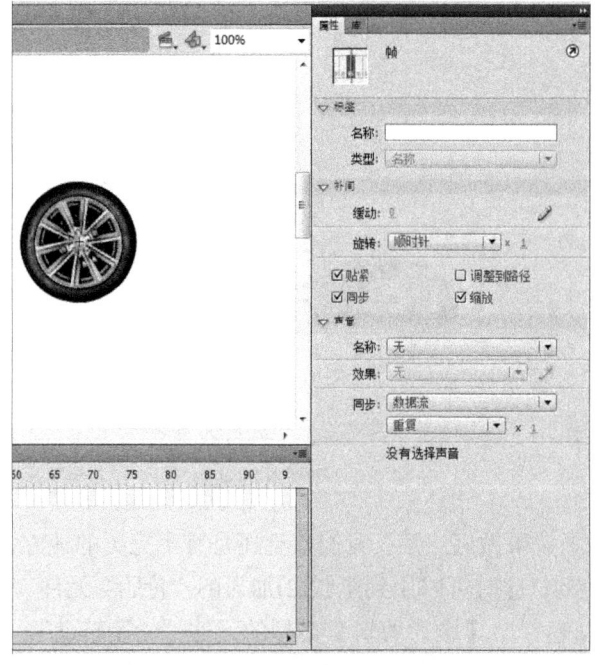

图 7-11 设置【旋转】

(8) 打开【库】窗口，双击"汽车"元件进入元件编辑状态，在"汽车"元件的时间轴上新建一个图层，保证此图层在"汽车"图层之上，从【库】中拖动上一步编辑好的【影片剪辑】的"轮胎转动"到这一图层,调整好大小和位置,使之刚好覆盖掉原来"汽车"图片上轮胎的位置,如图 7-12 所示。使用同样的方法,再从【库】中拖动出一个"轮胎转动",做好"汽车"侧面的第二个"轮胎"。

图 7-12　在【图形】元件中插入【影片剪辑】元件

(9) 通过以上步骤完成了整个动画效果,接下来添加一些必要的文字说明,如图 7-13 所示。测试并保存文档。在 Flash 的图形制作中,经常还用到工具箱中自带的绘制工具来绘制图形,如【铅笔工具】和【刷子工具】。

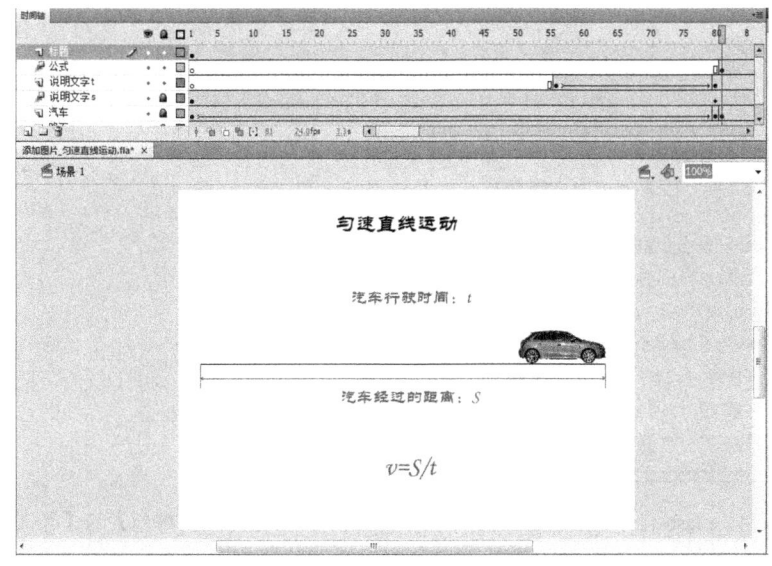

图 7-13　添加说明文字

7.3 声音的添加及编辑

除了文字、图片之外，声音也是多媒体必备的元素之一。如果能将一些声音，包括声效、背景音乐、解说词等加入制作的课件之中，将会使课件丰富多彩，增加吸引力、感染力。本节将介绍如何在 Flash 课件中添加声音和编辑声音。

7.3.1 添加声音

声音的添加有两种途径，第一种是通过插入 Flash 自带的声音进行使用，选择菜单栏【窗口】命令下的【公用库】|【声音】，如图 7-14 所示，这个【库】是 Flash 自带的声音素材库。

第二种是通过类似于图片导入的方式添加 Flash 以外的声音文件。选择【文件】菜单下，【导入】|【导入到库】或者【导入到舞台】命令，如图 7-15 所示。

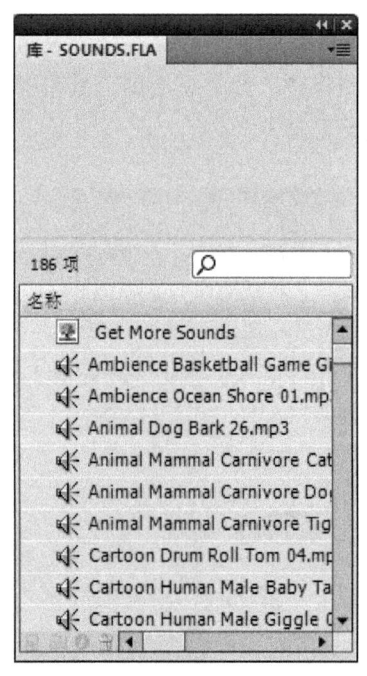

图 7-14 Flash 自带声音素材库

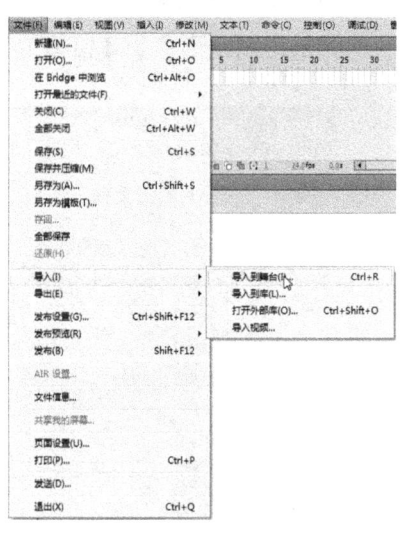

图 7-15 【导入到舞台】与【导入到库】

从【导入】对话框中选择所需要的音频文件导入，如图 7-16 和图 7-17 所示。

Flash 能导入多种格式的音频文件（MP3、WAV 等），但需要注意的是，只有标准格式的音频文件才可以导入，非标准格式的音频文件导入时可能发生错误。和导入图片不一样的是，导入的声音不会自动出现在舞台中，而是放在【库】中，需要的时候可以从【库】面板中拖放到舞台来应用。

图 7-16　【导入】对话框

图 7-17　导入声音进度条

7.3.2　编辑声音

声音导入之后存放在【库】中，声音文件在【库】中的预览图中会出现该声音的波形图，如图 7-18 所示。将其从【库】中选中拖动到舞台中就可以进行编辑了，如图 7-19 所示。

由于声音本来就有时间长度，因此，如果要完全展现声音文件就必须把该声音所在图层的时间轴长度和该声音文件长度匹配，如图 7-20 所示。

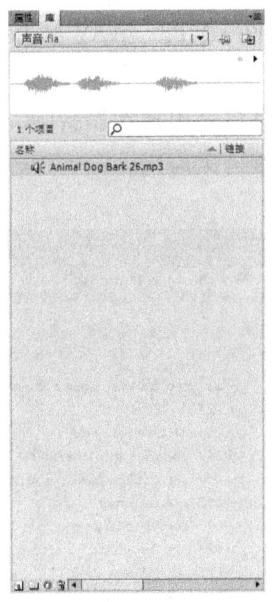

图 7-18　【库】中的声音文件

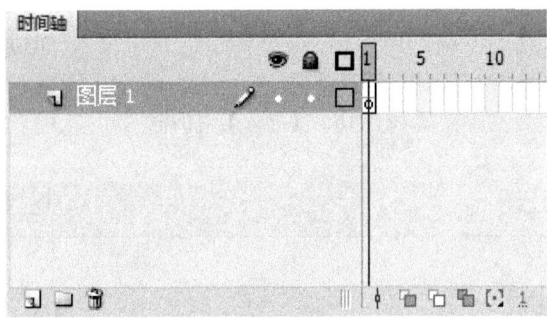

图 7-19　将声音文件拖入到舞台

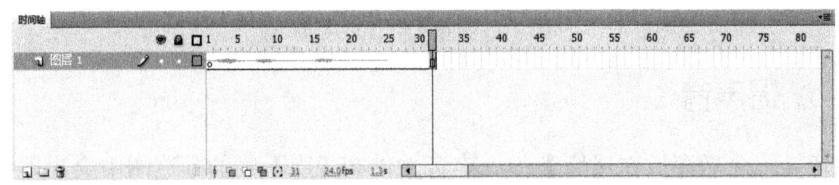

图 7-20　将声音长度与时间轴匹配

在声音的【属性】|【同步】中有 4 种不同的方式，分别是"数据流"、"开始"、"停止"和"事件"。"数据流"同步方式可以使声音和时间轴同步播放，在定义声

音和动画同步播放时，都要使用"数据流"方式；"事件"同步方式可以使声音与某个事件同步播放，它的播放独立于时间轴，当播放到时间轴的最后一帧时声音也不会停止，一般用于设定按钮、剪辑等发出的临时性声效；"开始"同步方式和"事件"同步方式类似，不同的是当一个声音正在播放时，不会再播放其他新的声音。"停止"同步方式能使指定的声音变为静音。下面以"数据流"同步方式为例，介绍 Flash 中自带的简易声音编辑方式。

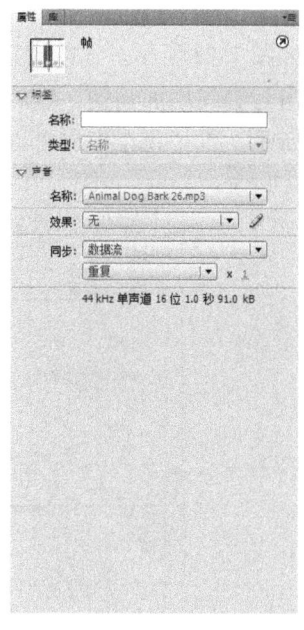

(1) 在菜单栏【窗口】|【公用库】|【声音】中查找到【Animal Dog Bark 26.mp3】声音文件，点击确定加入到【库】中，如图 7-14 所示。

(2) 选中【库】中【Animal Dog Bark 26.mp3】声音文件，拖入到舞台，调节时间轴长度，使声音文件的波形完全展示出来，如图 7-20 所示。

(3) 选中"图层 1"，在其【属性】|【同步】下拉列表框中选择【数据流】同步方式，如图 7-21 所示。

图 7-21　声音的属性

(4) 对声音的编辑可以借助 Flash 已经设定好的声音调整方式：在【属性】|【效果】下拉菜单中所列出的【左、右声道】、【向左、右淡出】、【淡入、出】和【自定义】几种方式。同时，为了更好的编辑声音效果，也可以点击【属性】中【编辑声音封套】 按钮，出现【编辑封套】对话框（和前面的"自定义"是一个对话框），如图 7-22 所示。

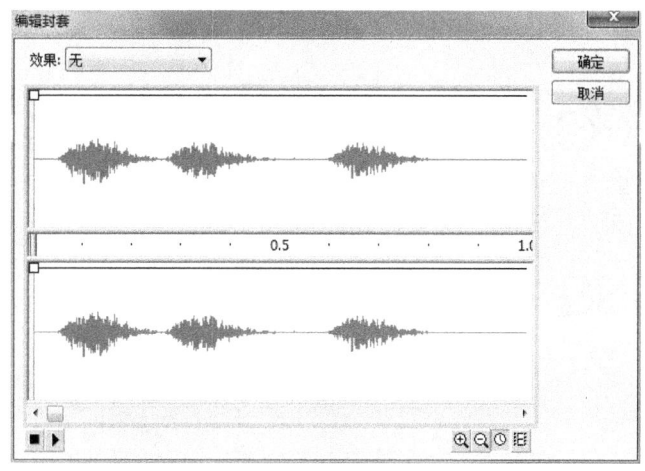

图 7-22　【编辑封套】对话框

(5) 在【编辑封套】对话框中，中间窗口的两个按钮代表声音播放的起始位置，如图 7-23 所示。上面窗口代表"左声道"，下面窗口代表"右声道"，通过窗口中点击封套线增加句柄，然后调节封套线走向来调整声音各个时间段的大小，如图 7-24 所示。其中每个窗口可以新建最多 8 个调节声音大小的句柄。

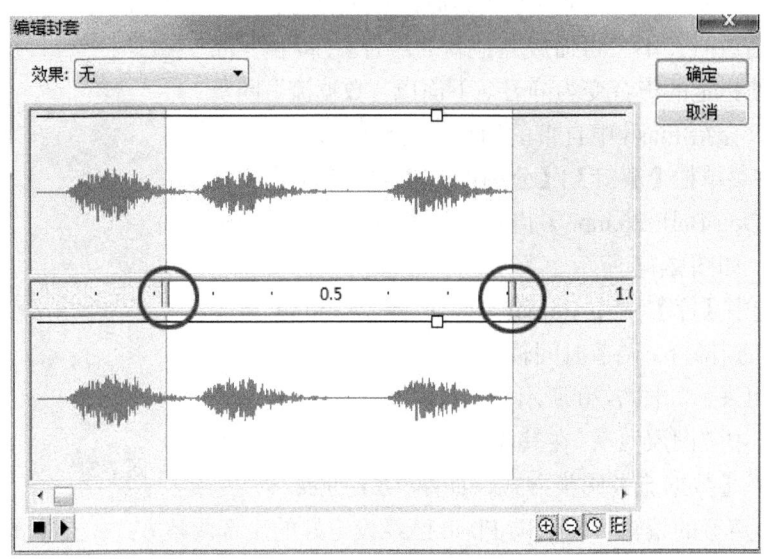

图 7-23　声音播放起始位置的调节

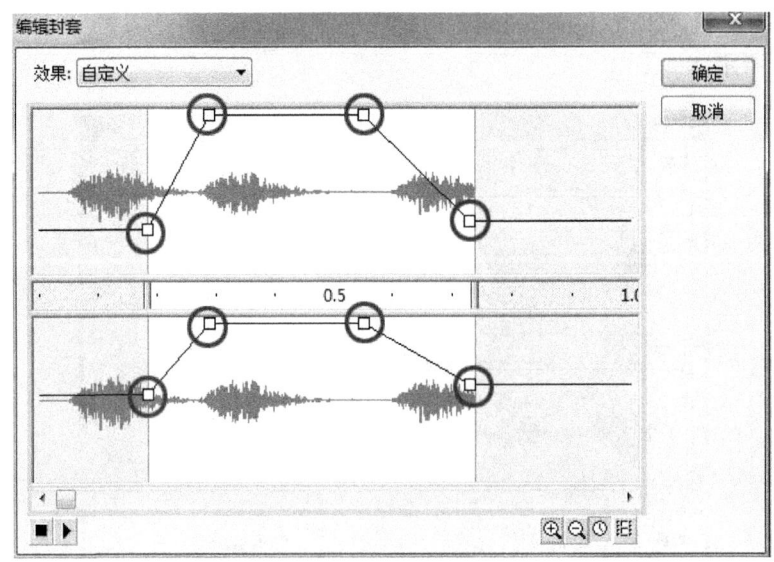

图 7-24　通过句柄调节声音大小

第 7 章　使用 Flash 制作简单课件实例

(6) 编辑完该段声音后，选择播放按钮▶测试声音效果，满意后则可点击【确定】完成编辑。

7.4　视频的添加

视频也是课件中经常使用的一种多媒体素材，视频媒体能够更真实地演示教学内容。Flash 本身支持多种格式的视频文件的播放，如 AVI、MPG/MPEG、MOV 等格式，如果是 Flash 不支持的格式，在导入视频文件时则会报错。本节以一个课件范例的制作讲解如何把视频素材插入 Flash 课件中去。

(1) 选择菜单栏【文件】下的【导入】|【导入视频】命令，打开【导入视频】对话框，如图 7-25 所示。

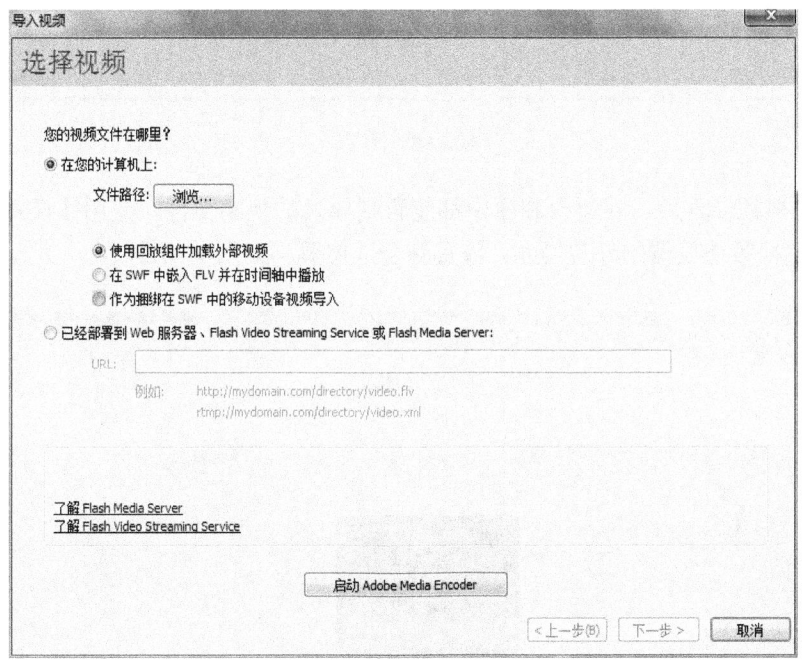

图 7-25　【导入视频】对话框

(2) 在【导入视频】对话框中点击【浏览】按钮，选择需要导入的视频文件，然后点击【下一步】，进入【外观】的设置，在【外观】列表框中可以选择 Flash 自带的某一种播放器外观样式，比如选择【SkinOverPlayFullscreen.swf】，然后选择【下一步】，完成视频的导入，如图 7-26 所示。

113

图 7-26　外观

(3) 视频导入后，在舞台和库中都能看到导入的视频文件，使用【任意变形工具】调整视频播放器的外观尺寸，放置到合适位置，如图 7-27 所示。

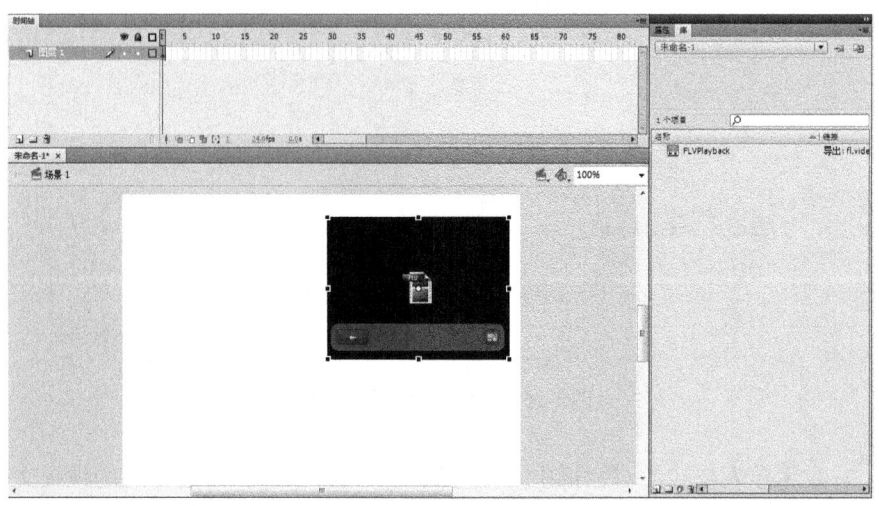

图 7-27　调整视频播放器到合适的尺寸

(4) 在时间轴上新建若干图层作为文字说明图层，接着在舞台空白处加上这些文字。文字的出现，可以按照一定的动画展示出来，如图 7-28 所示。测试并保存，完成整个视频课件的制作。本例最后还添加了一些 ActionScript 3.0 的代码，用以控制文字动画出现的时间，关于代码的添加我们将放在后面的内容中讲解。

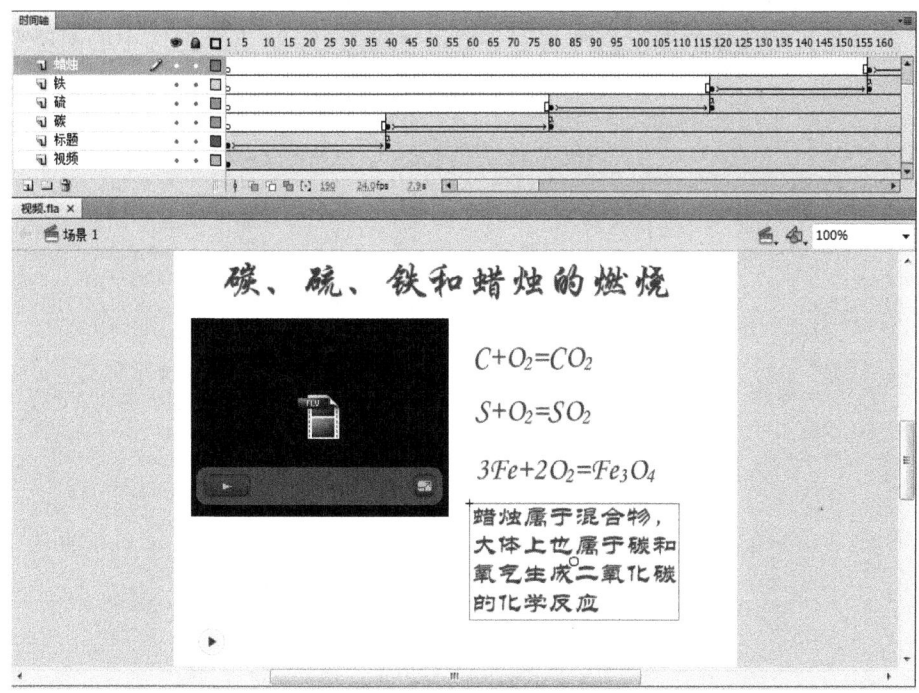

图 7-28　添加文字说明

7.5　引导线的使用

使对象沿着指定的路径运动，这种动画形式就是引导线动画。引导线动画由运动引导层和被引导层组成，将对象放置在被引导层中，而在引导层中通常绘制一条线段用来指定对象的运行路径。这种动画形式的课件在导出时，运动引导层的路径并不会被显示。

引导线动画设置是一种运动轨迹，被引导层中的对象是沿着运动引导层中绘制的路径运动的，所以被引导层中最常见的动画形式是动作补间动画。

在 Flash CS4 中添加引导层的方法和以前的版本稍有不同。方法一：在需要添加引导动画的原始图层上单击鼠标右键，在弹出菜单中选择【添加传统运动引导层】，则可以为当前图层添加一个引导层，如图 7-29 所示。在引导层中绘制对象的指定运动路径，在被引导层中制作该对象的补间动画，然后调整两个关键帧中对象的位置，使其中心点在引导线上，这种方法是为了和以前版本相兼容而设置的。方法二：在图层上单击鼠标右键，在弹出的菜单中选择【引导层】，如图 7-30 所示，这种方法是 Flash CS4 推荐的方法。这两种创建引动方法的不同点在于，前者是为所选择的图层另外新建一个引导线图层，后者为把选中的图层变为引导线图层。

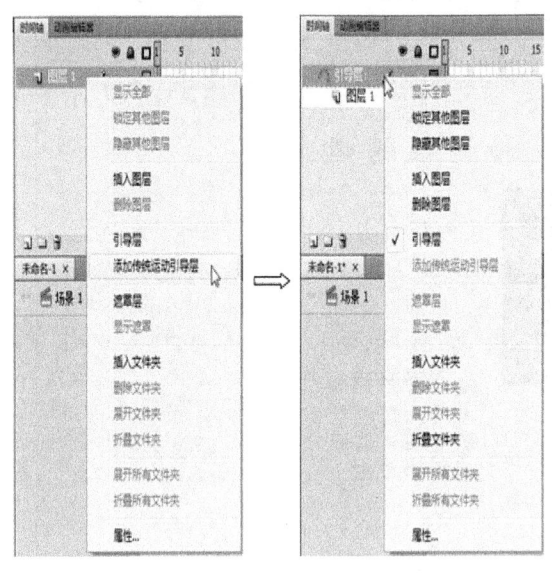

图 7-29 添加传统运动引导层

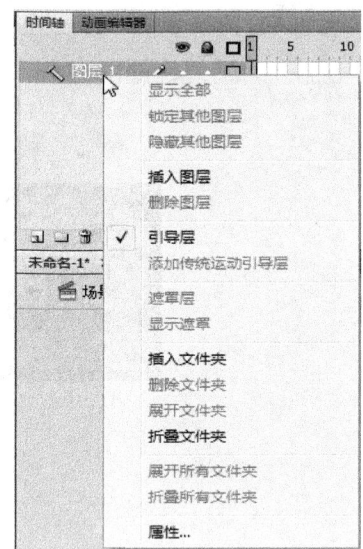

图 7-30 引导层

7.5.1 创建引导线动画

下面按照方法二的过程创建引导线动画，具体操作步骤为：

(1) 在需要设置为引导层的图层上单击右键，选择引导层选项。

(2) 在引导层中使用铅笔工具 绘制一条曲线，把笔迹设置为平滑，并且在属性页中把铅笔工具的样式设置为极细 样式：极细线，制定对象的运动路径，如图 7-31 所示。

(3) 新建一个图层，然后选中新建的图层，点击鼠标左键拖动到引导图层之下，出现圆圈图标代表该新建图层为引导层引导下的图层，如图 7-32、图 7-33 所示。

(4) 在被引导图层添加元件、指定元件开始位置并调整元件大小，注意把元件的中心点对齐到引导线，如图 7-34 所示。

第 7 章 使用 Flash 制作简单课件实例

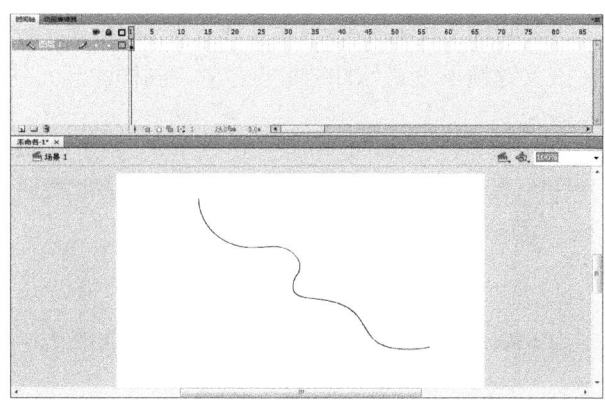

图 7-31 绘制引导线

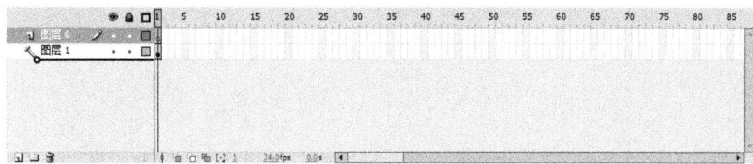

图 7-32 新建图层并拖动图层

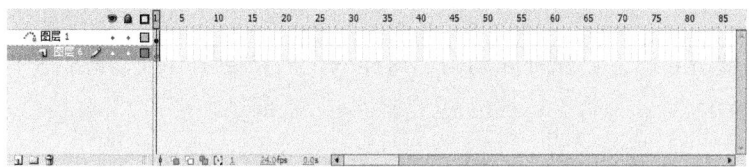

图 7-33 创建好被引导图层

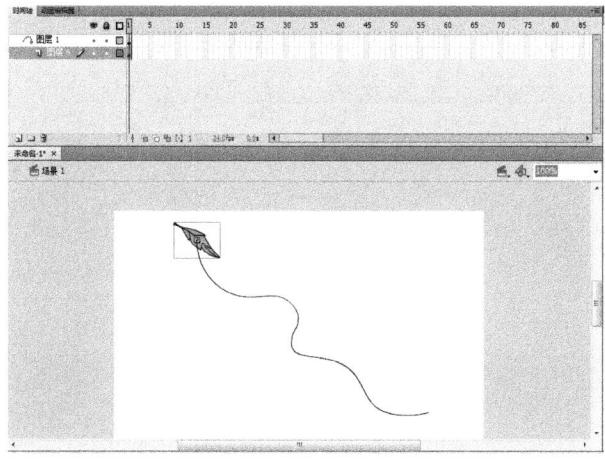

图 7-34 添加元件并对齐中心点

(5) 在引导层的时间轴上动画结束位置【插入帧】，在被引导图层的同样位置【插入关键帧】，在该关键帧下设置元件结束点位置，同样注意元件的中心点和引导线对齐，如图 7-35 所示。

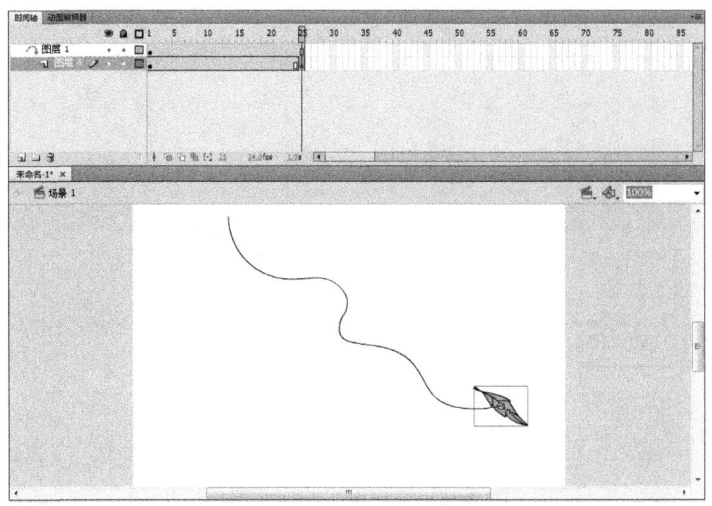

图 7-35　设置结束帧

(6) 在被引导层上创建补间动画，这样一个简单的引导线动画就制作完成了，如图 7-36 所示。

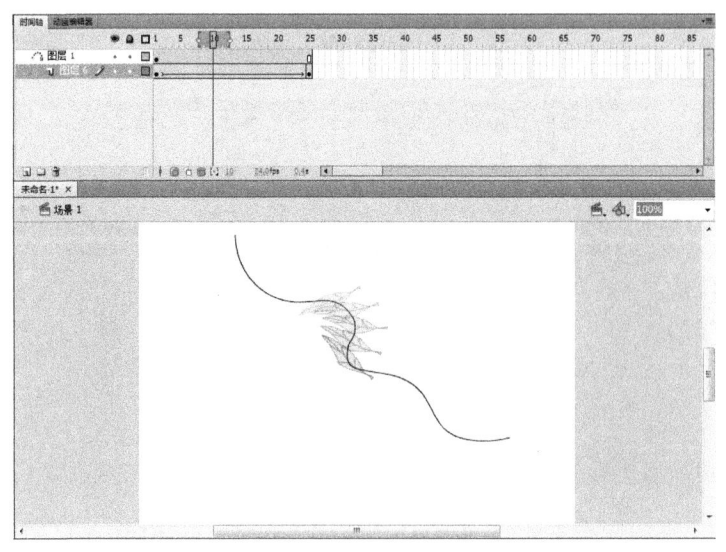

图 7-36　添加补间动画

7.5.2 课件制作中的引导线——抛物线运动

本节将介绍一个物理课件"抛物线运动"。课件中的动画分为两个阶段：第一阶段由小球作抛物线落地的动画，使小球按照设定好的抛物线作抛物线运动；第二阶段演示小球走过的路径，推导出抛物线运动的一般公式。每个部分都会出现文字的解释。

通过制作该课件，可以掌握在 Flash 中制作引导线动画的方法。制作"抛物线运动"课件的方法如下：

(1) 新建一个 Flash 文档。

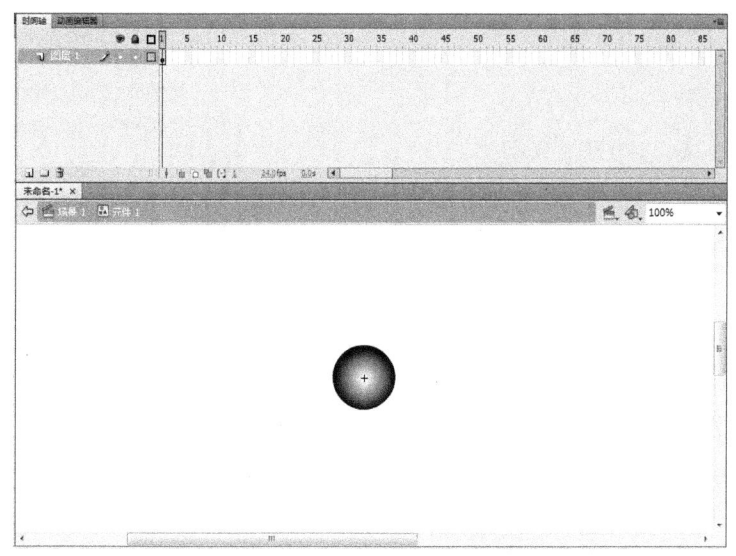

图 7-37 制作小球

(2) 新建图形元件"小球"，用【椭圆工具】绘制小球，为了使小球更有立体感，使用【油漆桶】工具，选择颜色对小球上色，如图 7-37 所示。

(3) 再新建一些图形元件作为课件中需要用到的素材，其中文字部分主要有"垂直速度"、"水平位移"、"垂直位移"等，另外还包括一些课件中需要使用的图形，如"箭头"等，如图 7-38 所示。

(4) 回到场景 1，把图层 1 设置为引导层，然后在该层绘制抛物线的运动轨迹，为了使绘制的抛物线符合要求，首先选用【线条工具】绘制一条直线，然后使用【选择工

图 7-38 添加文字的元件

具】移动到直线非端点处，则鼠标变为样式，然后拖出需要的弧度就画出了抛物线，如图 7-39 所示。

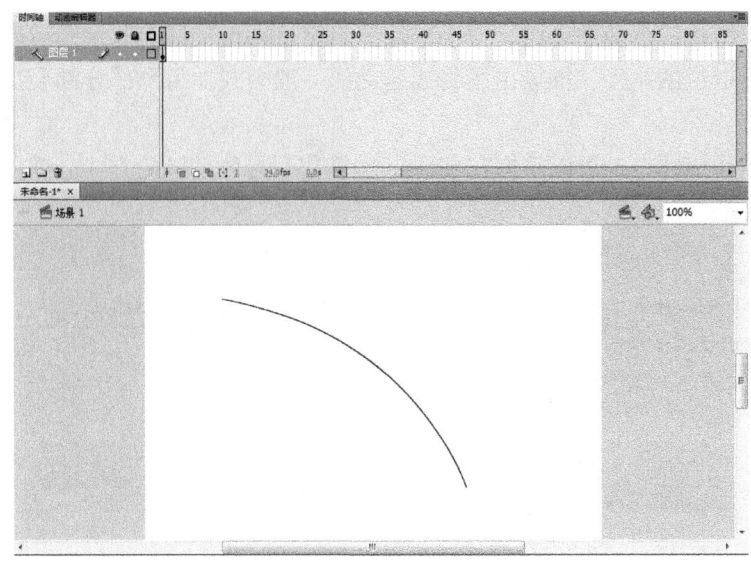

图 7-39　绘制引导层抛物线路径

(5) 在引导层之下新建运动物体图层，把之前建好的元件小球放入该层中，并调整小球的大小，把小球的中心点和引导线对齐，如图 7-40 所示。

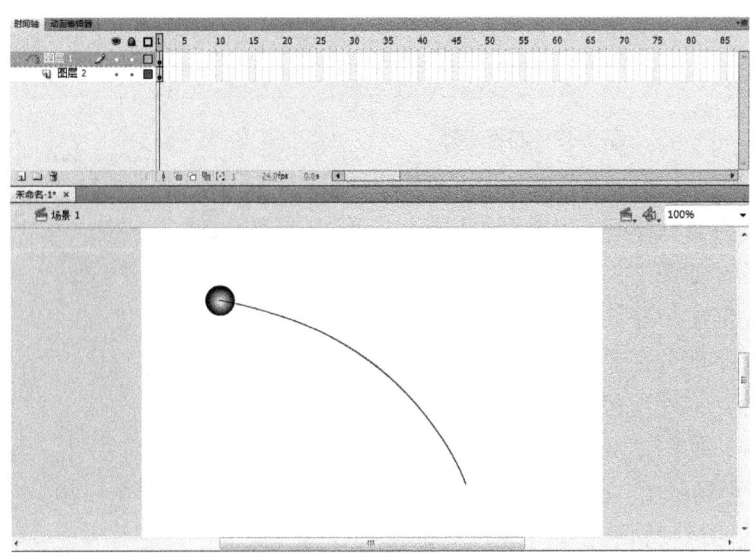

图 7-40　添加小球图层

(6) 设置小球结束位置【插入关键帧】，同位置在引导层也【插入帧】，并添加小球的补间动画，如图 7-41 所示。为了使抛物线运动更符合运动得越来越快的实际情况，还需要在补间动画的属性页中点击【补间】|【缓动】进行设置，如图 7-42 所示。

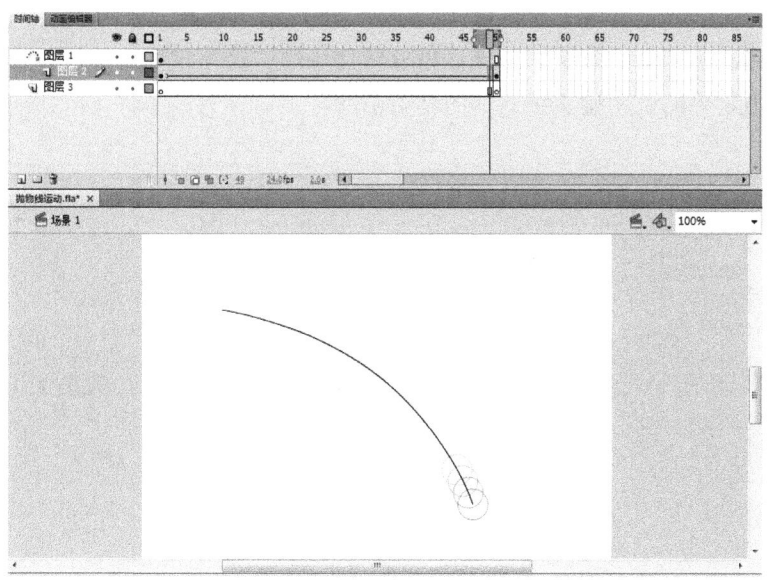

图 7-41　添加小球动画

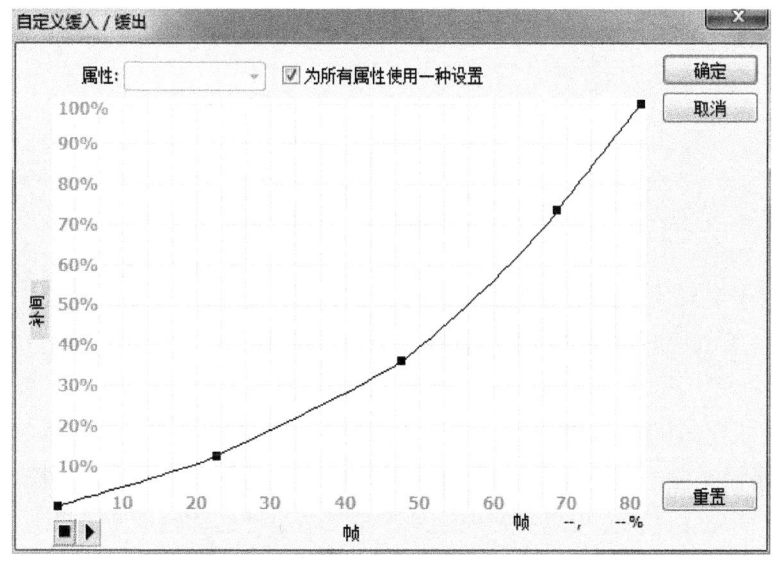

图 7-42　自定义缓入/缓出

(7) 在小球第一次运动结束后，我们需要小球重新慢动作分解一次刚才的运动过程，然后推导出抛物线运动的公式。使用步骤(2)中的元件"小球"加入箭头元件，对抛物线做一个分解动作，分为水平方向和垂直方向，由于都是同一个箭头符号，因此对于垂直方向，我们仅需要对箭头元件使用【任意变形工具】旋转 90° 即可。同时，为了在视角上达到强调的效果，可以通过在时间轴上交替插入【空白关键帧】的方法达到文字闪烁的效果。此外，另外新建一层"文字说明"图层，用于显示一些没有动画效果的说明性文字，如图 7-43 所示。、

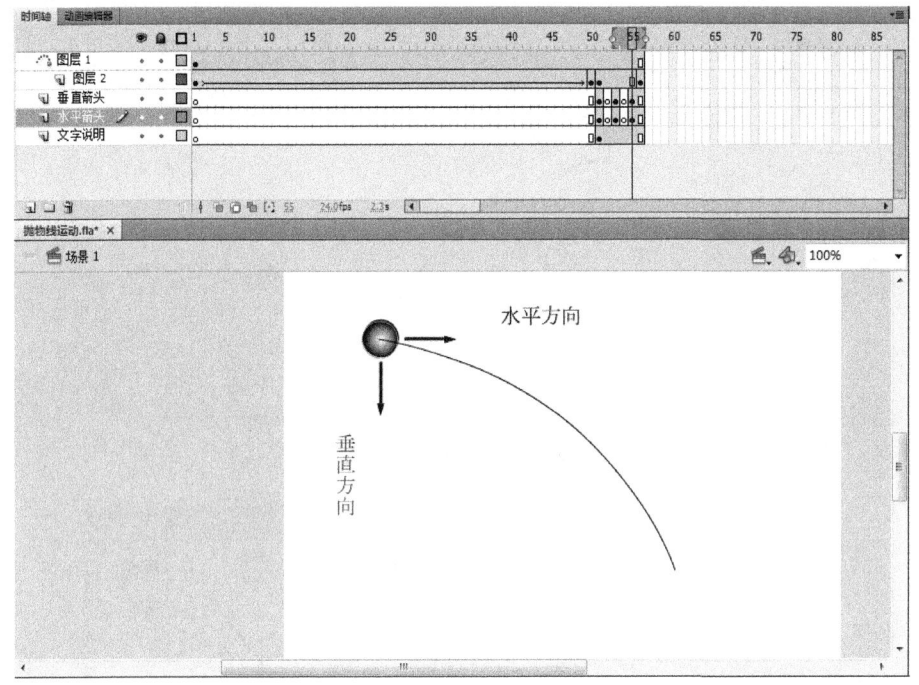

图 7-43　箭头与说明文字的添加

(8) 由于引导层中的引导线作为路径出现，并不会出现在动画效果中，因此还需要新建一条可见的路径来讲解抛物线运动，推导出公式。在这一步中我们新建路径图片元件，为了表明是小球的运动轨迹，我们把这条可见的抛物线的样式设置为虚线，然后把这个路径元件放到一个新的图层中，为了突出路径的显示效果，可以通过设置路径元件的属性【Alpha】从 0 到 100 来达到期望的效果，如图 7-44 所示（在 7.6，使用【遮罩】可以更好地达到逐步显示小球运动轨迹的效果）。同时，让步骤(7)中添加的箭头元件随着小球运动进行分解运动。由于这一次的动画是分解效

果，我们可以把时间轴上的时间设置为 2 倍于第一次动画的时间，如图 7-45 所示。

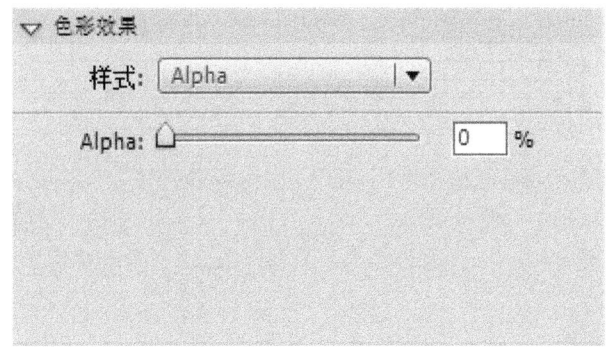

图 7-44　设置路径元件 Alpha 值

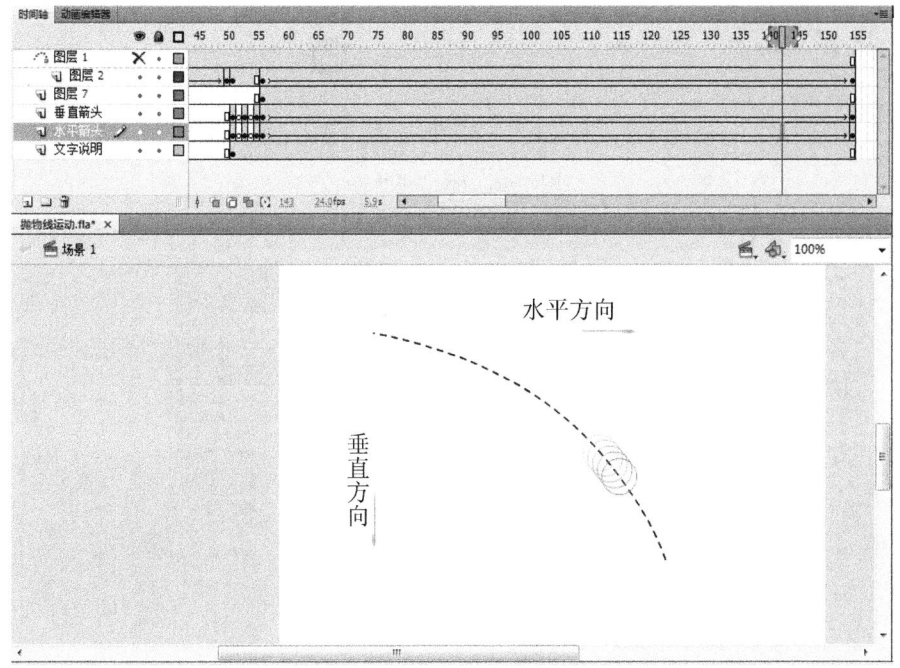

图 7-45　分解动画

(9) 使用和步骤(8)中添加箭头的方法添加垂直、水平方向的分解轨迹及一些辅助线，如图 7-46 所示。

(10) 在辅助线动画出现的同时，推导出抛物线的公式，并加上必要的符号注释，如图 7-47 所示。

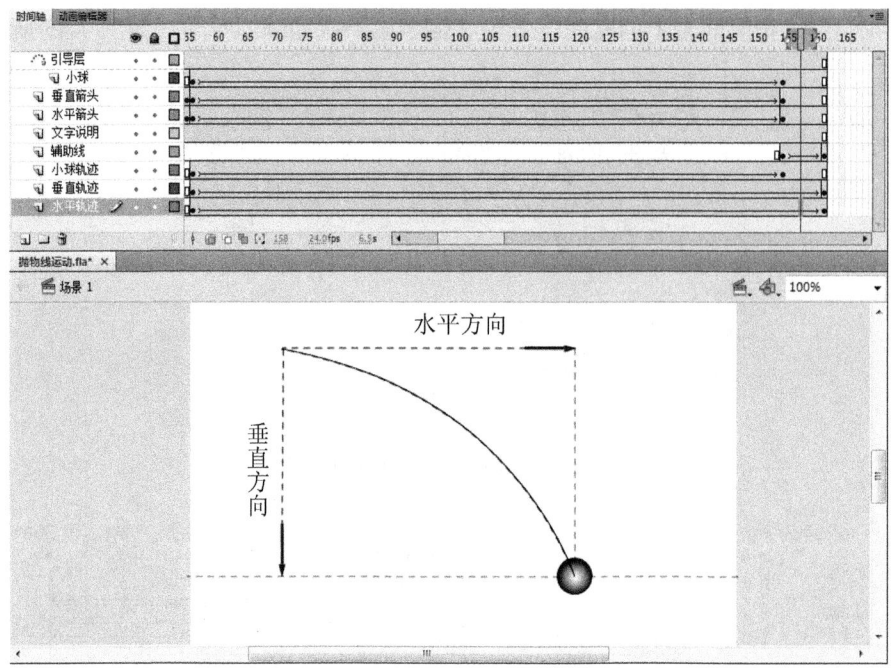

图 7-46 添加辅助线

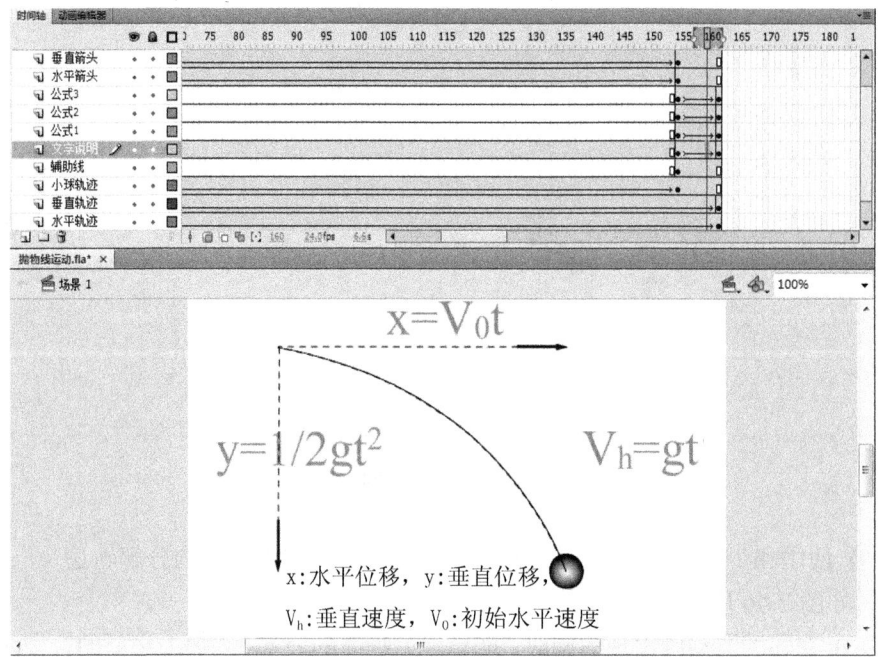

图 7-47 添加公式和说明文字

(11) 回顾整个课件，加上文字标题和结束语句（ActionScript 将会在后面章节介绍），调整一些小的细节，测试并保存文档，如图 7-48 所示。

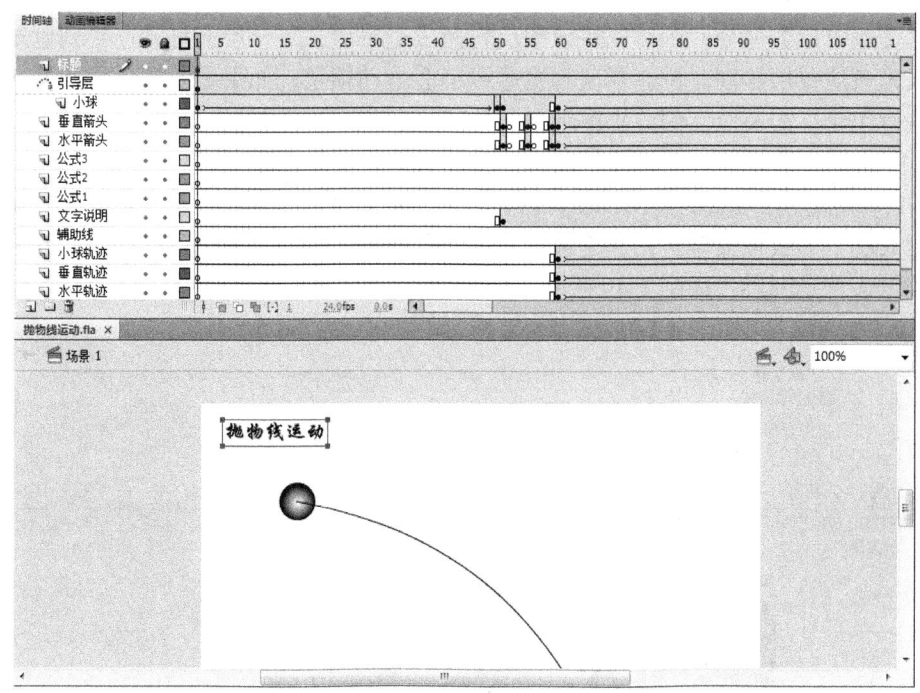

图 7-48　完成整个课件

7.6　遮罩的使用

遮罩动画和引导线动画是 Flash 中动画制作的两种重要表现方式，在 7.5 中我们介绍了引导线动画，本节我们详细地对遮罩动画进行讲解说明。遮罩动画是 Flash 中一个重要的动画类型，很多效果丰富的动画都是通过遮罩动画来完成的，如路径、百叶窗、闪烁等效果，遮罩动画在制作课件时的用途也十分广泛。

7.6.1　创建遮罩动画

将某个图层作为遮罩层，以遮罩图层的区域来显示被遮罩图层的内容，就是遮罩效果。遮罩由遮罩层和被遮罩层组成，遮罩层相当于一个"窗口"，该层之下的图像可以通过这个"窗口"显示出来，其余"窗口"外的区域则会被隐藏。

遮罩层中的内容可以是填充的形状、输入的文字或创建的元件，但是线条不能作为遮罩层，更改遮罩层内容的颜色不会影响遮罩的效果；被遮罩层中可以放置任意内容。

要创建遮罩效果，至少需要两个图层。在上面的图层上右击，在弹出的菜单中选择【遮罩层】命令，则可以将该图层转换成遮罩层，下一层会自动连接到遮罩层下成为被遮罩层。同时，遮罩层和被遮罩层会自动锁定，如果要对遮罩层和被遮罩层进行编辑，需要对它们分别解锁。

下面以一个实例介绍遮罩层动画的制作过程。

(1) 新建一个 Flash 文档，在舞台中导入一张图片，使用【任意变形工具】调整图标大小，大致覆盖舞台，作为被遮罩层的背景图案。为了方便后面操作，我们可以锁定该背景图层，如图 7-49 所示。

图 7-49　导入背景图片

(2) 新建一个图层并绘制一个星形，在矩形工具 上右键弹出形状菜单，选择多边形工具 ，在右边属性窗口中选择【工具设置】|【选项】，设置【样式】为星形，【边数】为 5，然后在图层中绘制出五角星形状，作为遮罩层的内容，如图 7-50 所示。

(3) 在"图层 2"上右击弹出菜单，选择【遮罩层】命令，如图 7-51 所示。

第 7 章 使用 Flash 制作简单课件实例

图 7-50 绘制遮罩区域

图 7-51 生成遮罩层

(4) 在添加了【遮罩层】命令之后，遮罩层和被遮罩层都会自动锁定，产生如

图 7-52 所示的效果。我们需要添加遮罩动画，因此还需要对遮罩层的图形区域添加一定的动画效果，对遮罩层解除锁定后，在时间轴上对遮罩层和被遮罩层都添加帧数，如图 7-53 所示。

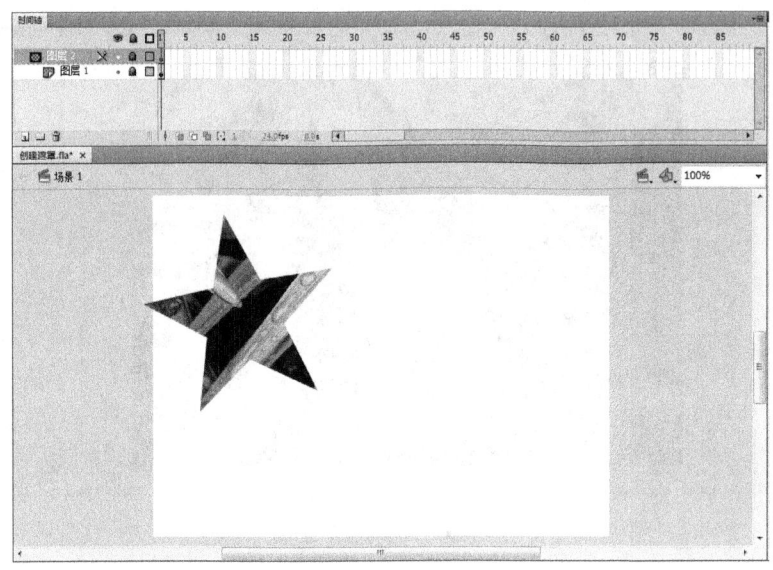

图 7-52 遮罩效果

图 7-53 解除锁定

(5) 把遮罩层时间轴上最后一帧设置为关键帧，改变该帧五角星的位置，添加补间动画,设置五角星移动的动画效果,如图 7-54 所示。

图 7-54 设置补间动画

(6) 测试并保存,完成整个遮罩动画的制作,如图 7-55 所示。

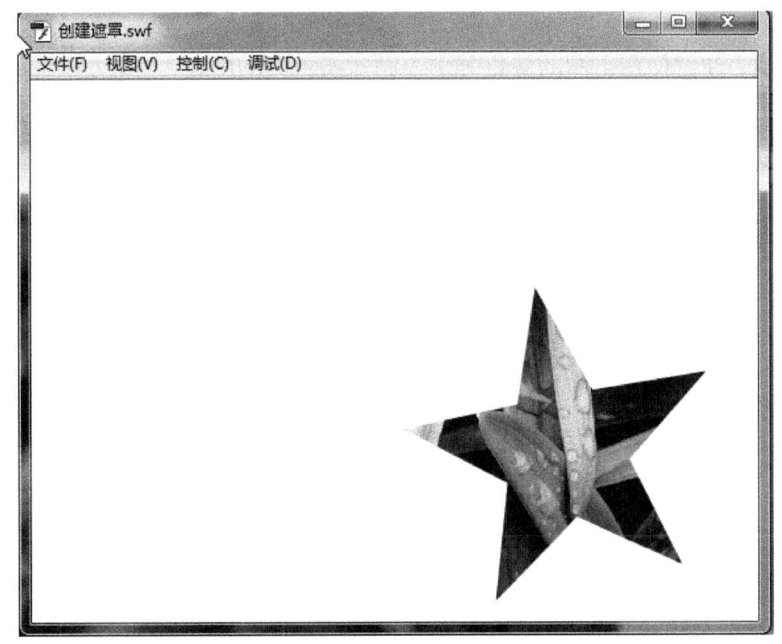

图 7-55 遮罩动画效果

7.6.2 课件制作中的遮罩——节点路径

本节将介绍一个数学课件"节点路径",其步骤如下:

(1) 在舞台上使用【椭圆工具】绘制 4 个路径的节点,如图 7-56。注意,【椭圆工具】绘制的是椭圆形,按住 shift 键可以绘制正圆形。如果绘制图形位置不正确,可以使用【部分选择工具】把节点圆圈移动到正确的位置。

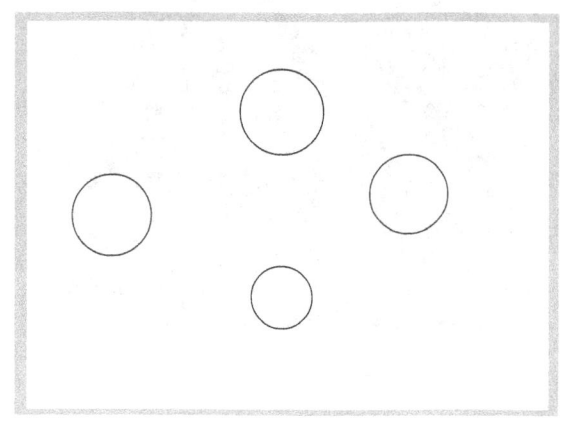

图 7-56 绘制路径节点

(2) 新建一个图层,按照上一步"节点"位置,使用【刷子工具】绘制节点之间的路径。注意使用不同的颜色分别绘制 3 条不同的路径,并把绘制好的"路径"【转换为元件】,如图 7-57。

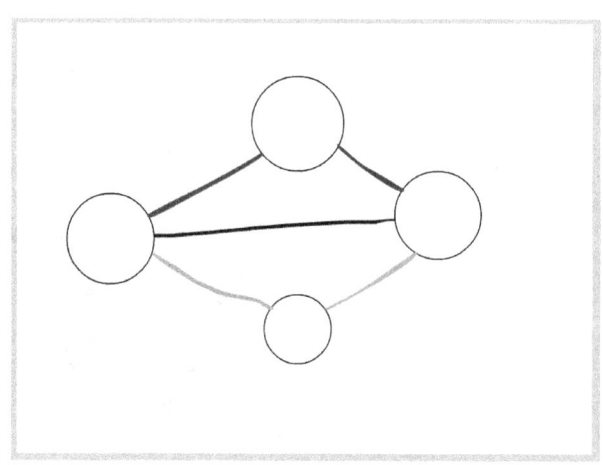

图 7-57 绘制"路径"

(3) 在步骤 2 的新图层之上再新建一个图层，在这层上绘制一个小圆形作为遮罩层的"窗口"，并【转换为元件】，如图 7-58。

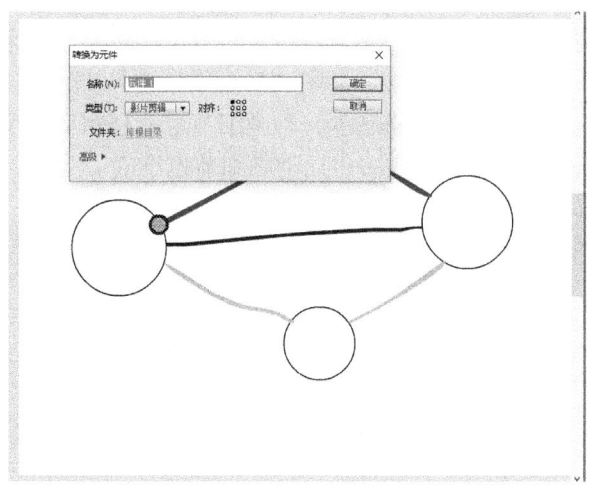

图 7-58 绘制遮罩"窗口"

(4) 把步骤 3 的图层设置为步骤 2 的图层的遮罩图层，为下一步制作遮罩动画作准备，如图 7-59。

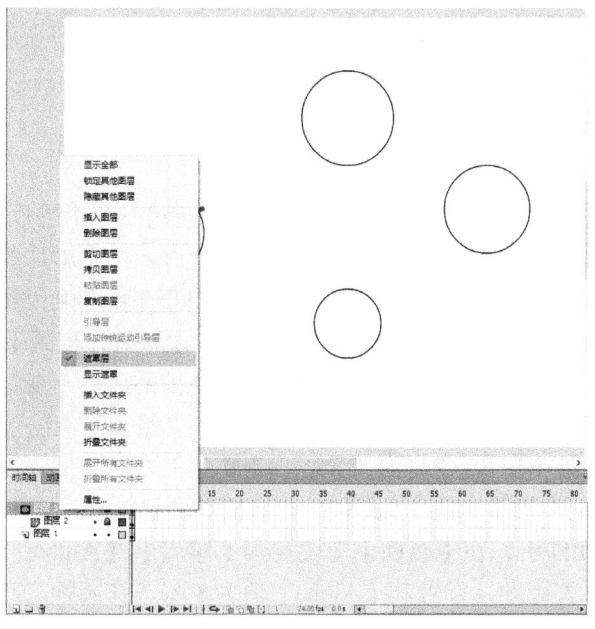

图 7-59 设置遮罩层

(5) 按照"路径"走向来设置关键帧，制作遮罩运动路径。路径的长度和运动时间成正比（大概估算即可，Flash 是一种非精确的动画制作软件，更多的是考虑动画的效果）。这一步是整个动画中最关键的一步，也是最费时间的一步，关键帧需要一点一点的调整校对，可以使用舞台右上角的【比例缩放】来调整细节位置，比如把地图放大到400%或者800%，如图 7-60。如果上一步遮罩层的圆形越大，那么在这一步中关键帧就可以设置得越少，动画细节也就越粗糙；反之，遮罩设置得越小，那么关键帧则需要设置得更多，而动画细节也准确。

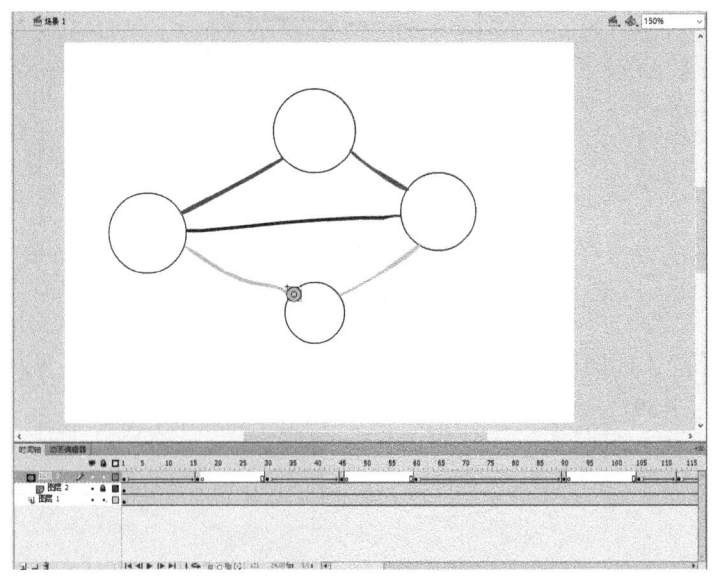

图 7-60　调整遮罩动画的关键帧

(6) 为了使路径流动的动画效果更生动，我们新建一个【影片剪辑】"流动"，主要增加一个"路径"的颜色渐变效果。具体设置为，在【影片剪辑】的时间轴第 1 帧插入步骤 2 中的"路径"【元件】，然后在时间轴第 4 帧和第 8 帧分别插入关键帧，选中第 4 帧的"路径"元件，在【属性】中设置其【样式】|【色调】，色调值调整为100%，红绿蓝分别为160, 200, 200。其他帧的属性不变，最后添加之间的补间动画，如图 7-61，替换步骤 2 设置的被遮罩层"路径"。

(7) 回到【场景 1】中，为了使"路径"的轨迹清晰，我们还需要新建一个图层让"路径"作为背景出现，通过"路径"前进的动画让其路径清晰起来。在第 1 帧插入"路径"【元件】，在【属性】中设置其【样式】|【Alpha】值为 20%，然后在最后1帧处插入关键帧，设置其【Alpha】值为80%，在两帧之间设置补间动画，如图 7-62。

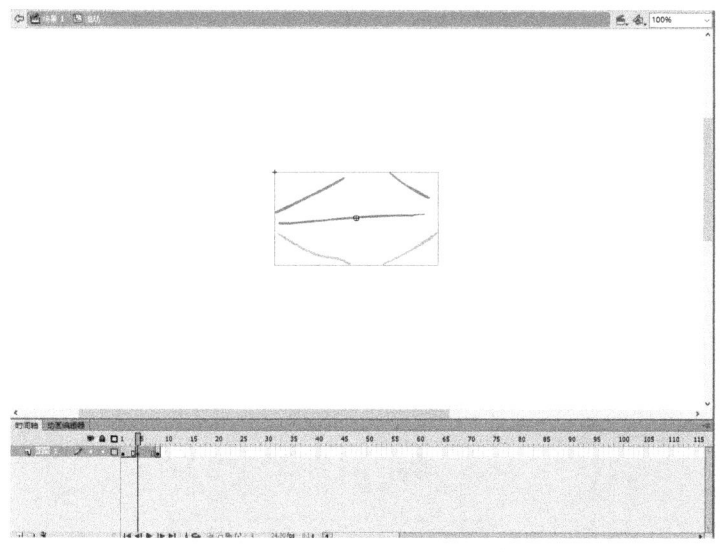

图 7-61 "流动"【影片剪辑】

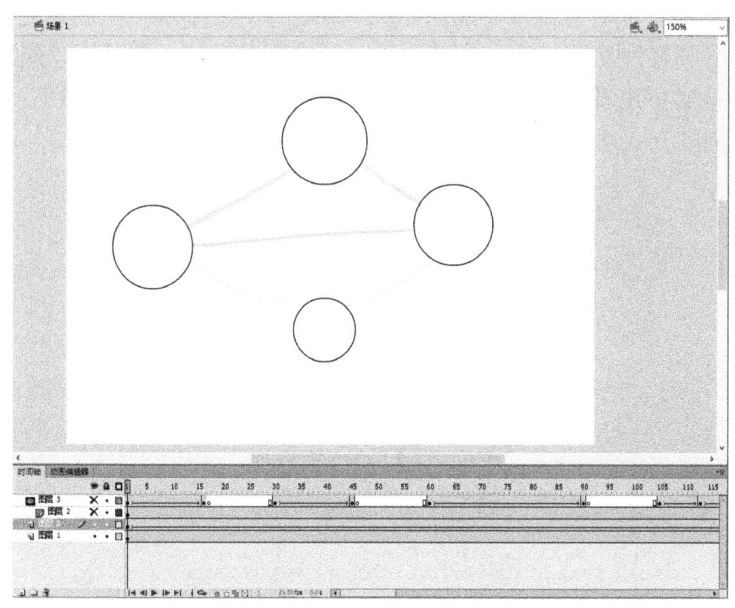

图 7-62 设置"路径"背景

(8) 在完成动画的基础之上,我们为了突出"节点"经过的节点,增加 4 段文字【影片剪辑】动画,分别为 4 个节点"A"、"B"、"C"和"D"。在【影片剪辑】第 6、11 帧处分别插入关键帧,把第 11 帧的文字元件放大,设置补间动画,产生一个文字缩放效果,如图 7-63。

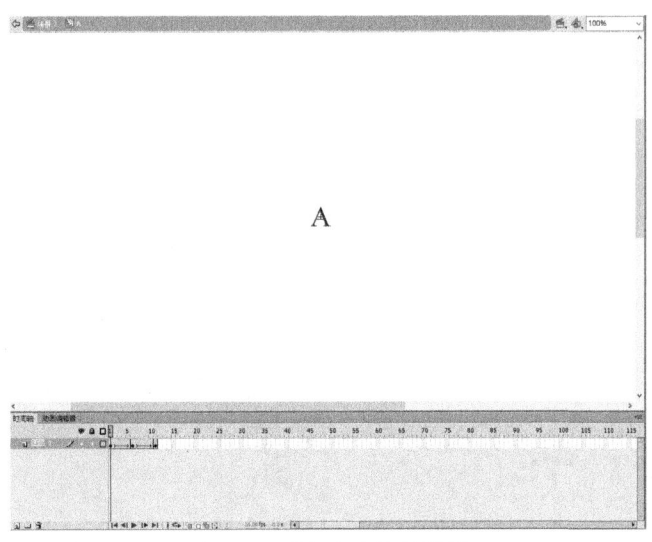

图 7-63　增加文字缩放效果

(9) 回到"场景 1",新建 4 个图层。在该图层中,把步骤 8 中制作好的 4 个【影片剪辑】"A""B""C""D"分别依次放入到地图的相应位置,当"路径"经过文字位置时,该文字出现。从文字出现到消失,使用设置【元件】的【Alpha】值并添加补间动画的方式达到。如图 7-64。

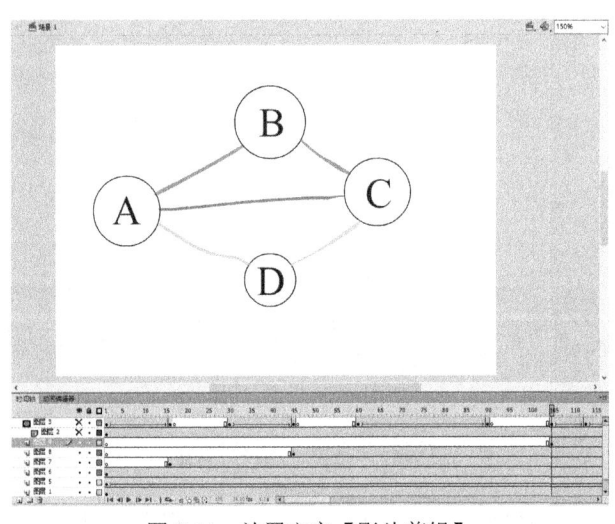

图 7-64　放置文字【影片剪辑】

(10) 测试并保存文件,完成整个课件的制作,如图 7-65。由于遮罩和引导线这 2 种 Flash 常用的动画制作方法不能同时在一个图层中出现,因此本例中,作为遮罩层的"窗口"需要自己设置关键帧校对位置的方法完成,而不能像上一节一般用引导线引导完成整个动画的过程。

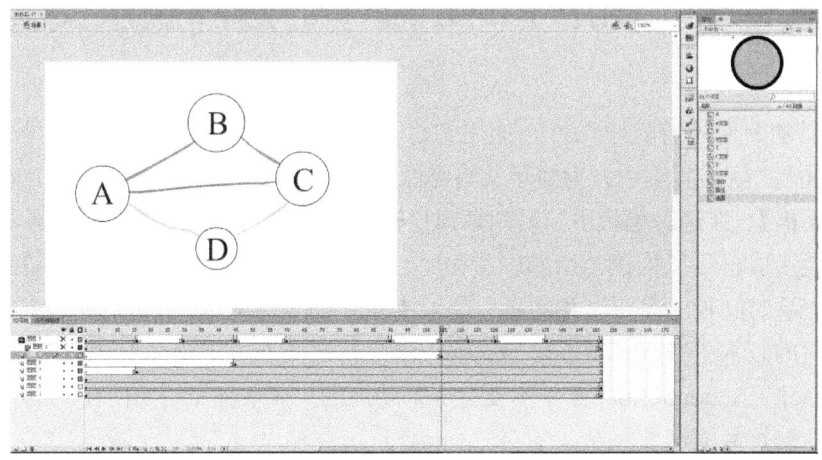

图 7-65 整个层与库文件

思考与练习

(1) 参考 7.5.2 中的例子,使用引导线技术制作一个 Flash 课件"公交车行驶路线图",在这个 Flash 课件中,用一张真实的电子地图为背景,规划出公交车行驶的路线,并制作一个"公交车"的元件,使其跟随路线而运动。

(2) 参考 7.6.2 中的例子,使用遮罩技术制作一个 Flash 课件"电压与电流",通过电子的运动路线,展示什么是电压和什么是电流。

第 8 章 使用 Flash 制作幻灯片演示文稿

在课堂上使用的教学课件，使用幻灯片形式播放是绝大多数情况的首选。在 Flash 2004 之后的版本中，为演示文稿类课件专门添加了一种新建模板【Flash 幻灯片演示文稿】。在这种模板下，时间轴窗口被自动隐藏，相应的增加了【屏幕轮廓】窗口。使用屏幕可以构建复杂的应用程序，而无需在时间轴中使用多个帧和图层，也无需查看时间轴。需要注意的是，由于 Adobe 公司对 Flash 定位的原因，在 Flash CS4 之后的版本中减少了对屏幕的支持，因此新建文档一定要基于 ActionScript 2.0 的模式新建，ActionScript 3.0 是不支持屏幕功能的。本章将介绍如何在 Flash 中创建与修改"幻灯片演示文稿"。

8.1 幻灯片的新建

(1) 选择【文件】|【新建】命令，打开【新建文档】对话框，切换到【常规】选项卡，在【类型】列表框中选择【Flash 幻灯片演示文稿】选项，如图 8-1 所示。

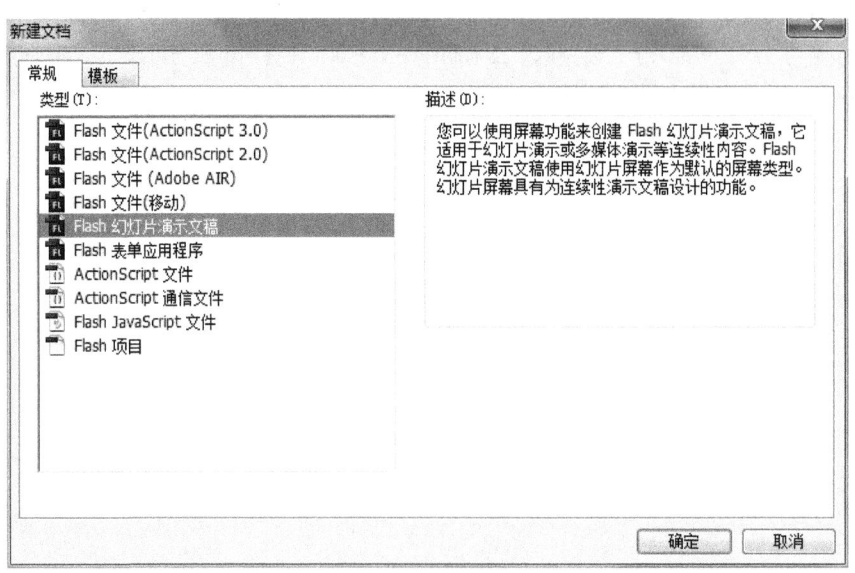

图 8-1 新建【Flash 幻灯片演示文稿】

(2) 单击【确定】按钮，创建一个新的幻灯片演示文稿。新建好的 Flash 幻灯片演示文稿如图 8-2 所示。

图 8-2　幻灯片演示文稿的默认创作环境

(3) 为新建的幻灯片演示文稿设置文档属性，选择屏幕，在属性页点选【编辑】按钮，在弹出的【文档属性】页面，修改【帧频】为 30，如图 8-3 所示。

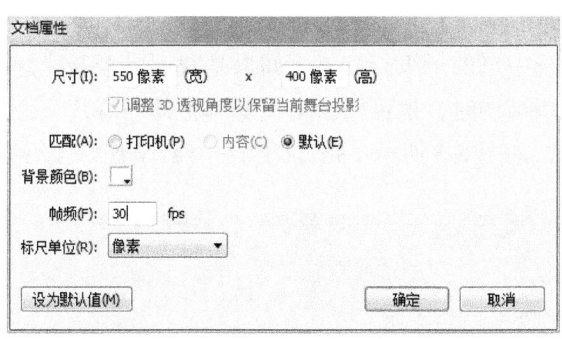

图 8-3　幻灯片演示文稿的文档属性

(4) 设置好文档属性之后，就可以按照普通幻灯片的制作程序来设计制作 Flash 幻灯片演示文稿了。特别的，在 Flash 幻灯片演示文稿中，屏幕包含了层级关系，同级别的幻灯片是顺序依次被显示出来的，不同级别的幻灯片有向下继承的关系，如我们在上一级屏幕的幻灯片上写上文字，那么在子屏幕，也就是下一级的幻灯片上可以看到父级的文字内容；同级的幻灯片之间的内容互相不影响。如图 8-4 所示，在父级【演示文稿】中写入"西华师范大学实验中心"字样，在子级【幻灯片 1】

中写入正文内容。那么在父级下的所有幻灯片都包含了"西华师范大学实验中心"字样,而【幻灯片1】与【幻灯片2】的内容并不互相影响。

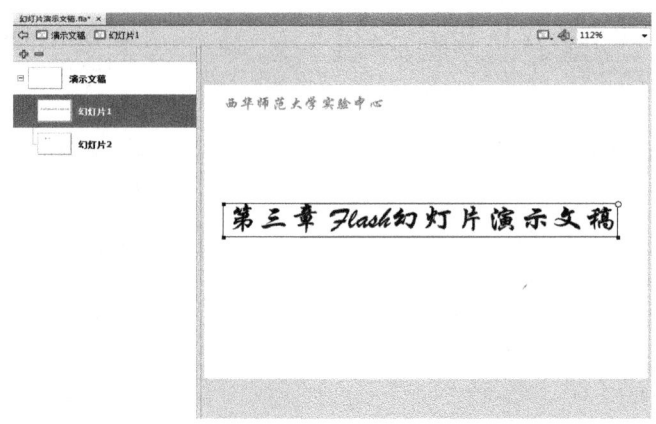

图 8-4 Flash 幻灯片演示文稿的层级关系

(5) 在 Flash 幻灯片演示文稿中点击右边【屏幕轮廓】中 ➕ 按钮可以新建幻灯片页面,同样,选择好某一幻灯片页面后,点击 ➖ 按钮可以删除某一幻灯片页面。如果想新建类似的幻灯片,如标题、背景等,可以直接在幻灯片上点击右键,选择【复制】选项,当在【屏幕轮廓】中粘贴时可以选择【粘贴】或者【粘贴嵌套屏幕】,后者是把复制页作为选中页的子级幻灯片。如果是我们已经新建好了幻灯片页面,而想调整幻灯片的层级结构时,也可以选中需要调整的幻灯片,直接拖动到需要放置的幻灯片页面之下,如图 8-5 所示。把【幻灯片3】设置为【幻灯片1】的子层。

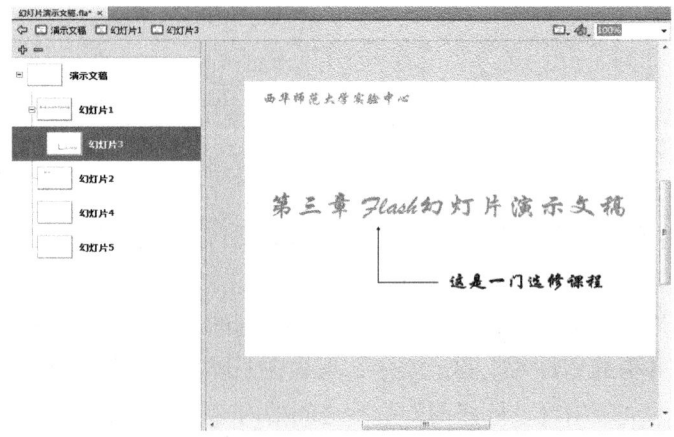

图 8-5 调整幻灯片的层级关系

8.2 幻灯片的交互控制

为了使幻灯片能按照制作者的目的进行操作，如向前、向后翻页，跳转到某一页等操作，我们需要向幻灯片中加入一定的交互控制手段，一般的情况下，我们是通过向幻灯片中添加触发器（如按钮、影片剪辑或屏幕）来完成的。下面介绍一下添加设置触发器的一般步骤。

(1) 新建一个 Flash 幻灯片演示文稿，按照 8.1 节的方法向其中添加几页幻灯片。

(2) 在菜单栏中选择【窗口】|【公共库】|【按钮】命令，在公共库中查找到 rounded grey stop，rounded grey back，rounded grey forward 三个按钮，将它们拖拽到父级屏幕【演示文稿】的屏幕下方并调整到合适大小，作为整个幻灯片课件的屏幕控制按钮，在下一步中会给它们安排【行为】，它们分别代表跳转到第一张幻灯片、播放上一张幻灯片和播放下一张幻灯片，如图 8-6 所示。

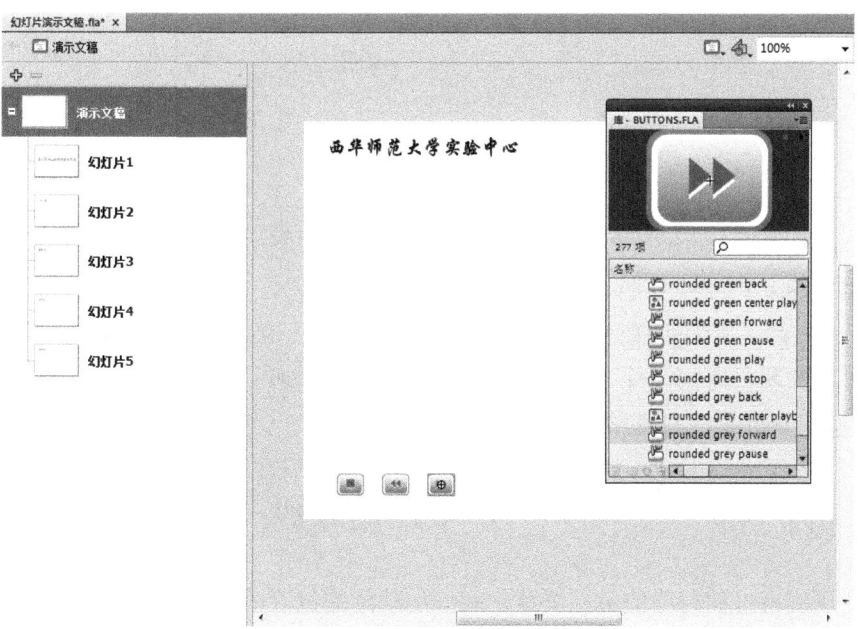

图 8-6 插入控制按钮

(3) 在上一步中插入的按钮本身并不具备任何动画效果，为了使用时能点击按钮达到翻页的效果，就必须给这些按钮增加【行为】，但是由于在 Flash CS4 之后，

Flash 软件不再支持直接在按钮上设置【行为】，因此，用户需要首先在菜单栏中选择【窗口】|【行为】，调出【行为】面板，然后分别选择【演示文稿】中的三个按钮，点击左上角的 ✚（添加行为）。选择【屏幕】项下所需内容，分别是【转到第一张幻灯片】、【转到前一张幻灯片】和【转到下一张幻灯片】，如图 8-7 所示。

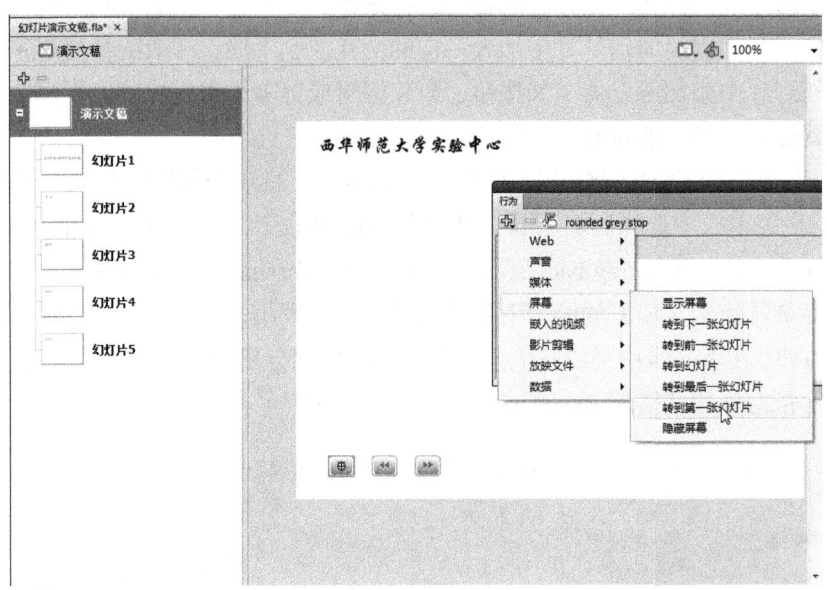

图 8-7　添加行为

(4) 测试整个演示文稿并保存。通过添加交互控制按钮，我们可以发现，其实通过对【行为】的更改，可以设置更多的交互控制动作，【行为】库中有很多基础的动作，这些都是不需要任何编程经验的初学者使用的，在后面 ActionScript 的学习中我们可以发现，这些【行为】的添加，实际上就是添加了一段 ActionScript 的代码，只不过是 Flash 系统自动帮我们完成而已。

8.3　幻灯片的过渡

使用屏幕过渡行为能够在屏幕之间添加动画的过渡效果，添加 Flash 幻灯片演示文稿的过渡效果类似于 PowerPoint 幻灯片的【幻灯片切换】。

(1) 新建一个 Flash 幻灯片演示文稿，在"幻灯片 1"和"幻灯片 2"两页幻灯片上插入两张图片作为幻灯片页面背景。选择菜单栏【文件】|【导入】|【导入到舞台】，选择需要的图片插入，如图 8-8 所示。

第 8 章 使用 Flash 制作幻灯片演示文稿

图 8-8 新建 Flash 幻灯片并插入背景图片

(2) 在【屏幕轮廓】窗口中选中"幻灯片 1",打开菜单栏【窗口】|【行为】面板,选择【屏幕】|【过渡】命令,如图 8-9 所示。

图 8-9 添加|【过渡】行为

141

(3) 在弹出的对话框中，选择【遮帘】选项，保持其中设置不变，单击【确定】选中该过渡效果，如图 8-10 所示。

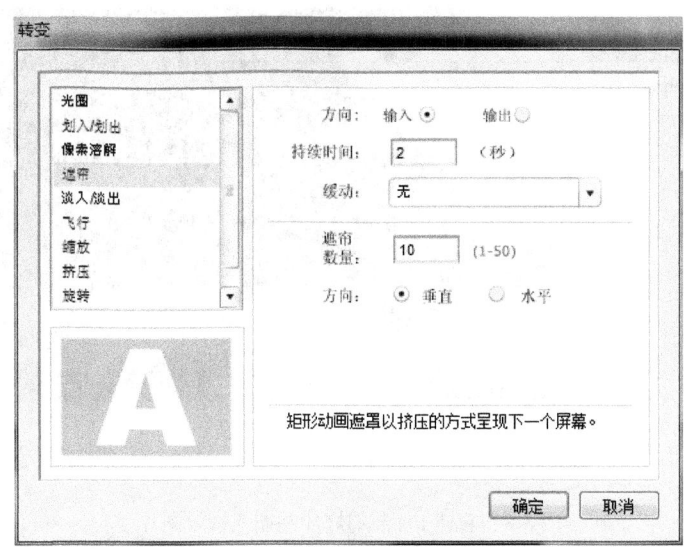

图 8-10　【遮帘】效果设置

(4) 使用同样的方法，选择"幻灯片 2"，设置其【行为】，对"幻灯片 2"添加【像素溶解】的过渡效果，同样保持各项选项不变，如图 8-11 所示。

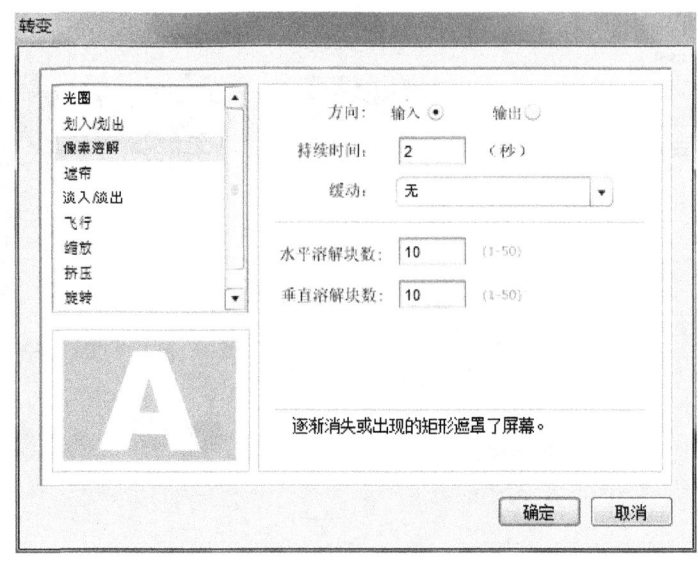

图 8-11　【像素溶解】效果设置

(5) 测试并保存该 Flash 幻灯片演示文稿。通过 8.2 的交互控制，在从"幻灯片 1"翻页到"幻灯片 2"的过程中就会产生我们设置幻灯片过渡的效果了，如图 8-12 所示。

图 8-12　幻灯片过渡【遮帘】效果

8.4　Flash 幻灯片演示文稿制作实例——如梦令

下面以一个语文课件——"如梦令"为例，演示一个完整的 Flash 幻灯片演示文稿的制作步骤。在这个课件实例中，我们可以使用在 7.6 中介绍到的【遮罩】方法来体现文字的展示效果。

(1) 新建一个 Flash 幻灯片演示文稿，在【演示文稿】下导入一张尺寸为 550×400 的图片到舞台，使导入的图片刚好覆盖掉整个舞台，作为整个演示文稿的背景图片，如图 8-13 所示。

(2) 在【幻灯片 1】中，使用【文本工具】写入标题、作者名字。另外新建一个图形元件，在其中写入词的正文内容，如图 8-14 所示，并调整各个文本的大小及颜色。

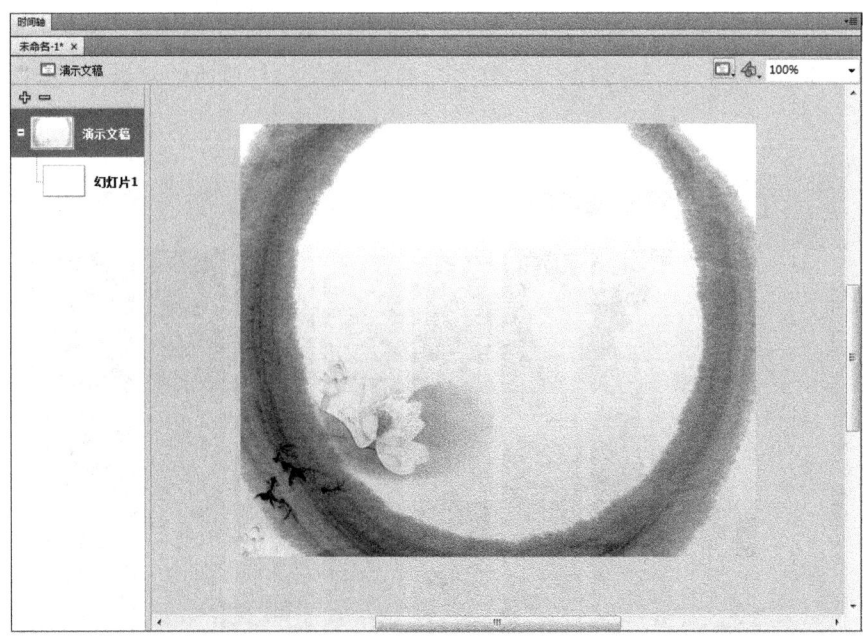

图 8-13　导入背景图片

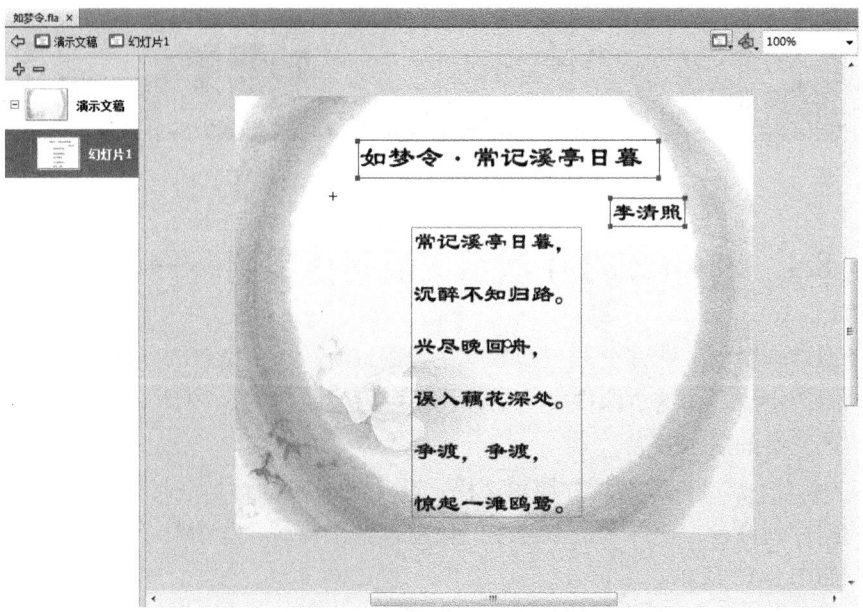

图 8-14　插入课件文字内容

(3) 在使用 Flash 制作课件时，一个明显的特点就是留给制作者的发挥空间是巨大的，我们可以发挥自己的想象制作出各种各样的动画效果，这是其他课件制作软件所达不到的，因此对课件中动画制作就没有了"非要这样"或者"必须要那样"的要求。在这一步中，我们需要对步骤(2)中的 3 段文本"标题"、"作者名字"和"正文内容"分别增加三种不同的动画效果，为了达到这个目的，首先在【幻灯片 1】的时间轴上再另外新建两个图层，把步骤(2) 中"标题"、"作者名字"和"正文内容"3 段文字分别放入这 3 个图层之中，完成各段动画分别置于不同图层中的目的，如图 8-15 所示。

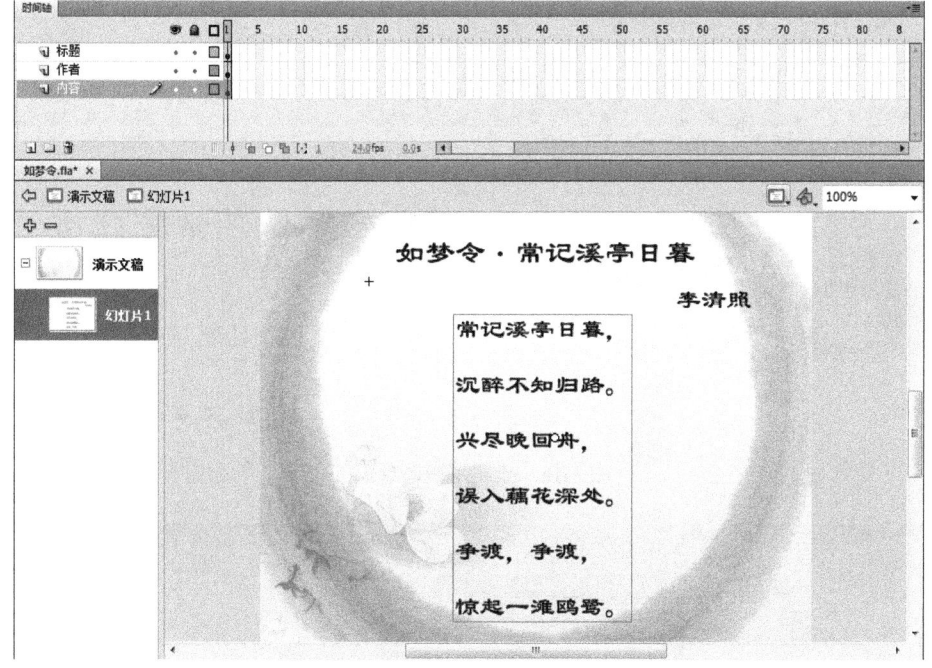

图 8-15　分离图层

(4) 对"标题"使用【遮罩】完成从左至右逐步显示的动画效果。在【幻灯片1】的时间轴上新建一个图层，设置这个图层为"标题"的【遮罩层】，使用【矩形工具】在这一层画出一个矩形，点击右键，选择【转换为元件】，然后调整该矩形的中心点至矩形的最左边，如图 8-16 所示。在时间轴第 30 帧对各图层【插入帧】，并对【遮罩层】设置【创建补间动画】，在该层的第 30 帧使用【任意变形工具】对矩形变形，使其刚好覆盖"标题"内容，如图 8-17 所示。

(5) 对"作者名字"使用从消失到显示的动画效果。把"作者"图层的关键帧点击鼠标左键不放拖动到第 31 帧处，达到在上一个动画效果"标题"出现之后发生

"作者"出现的动画效果。选择"作者名字",点击右键选择【转换为元件】,设置"作者名字"元件属性的【Alpha】为0。在60帧位置对各图层【插入帧】,对"作者"层【创建补间动画】,选中第60帧,对"作者"元件设置【Alpha】为100,如图8-18所示。

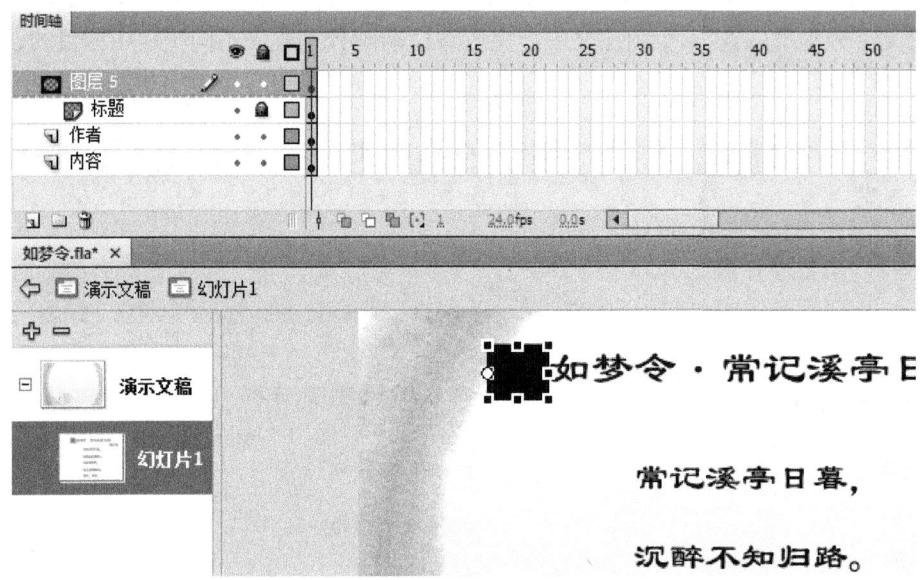

图8-16 绘制"矩形遮罩"

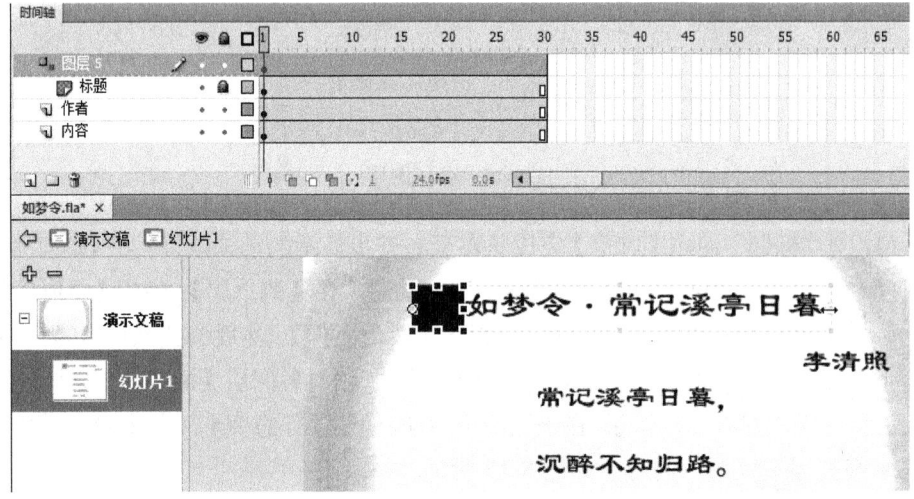

图8-17 变形"矩形遮罩"

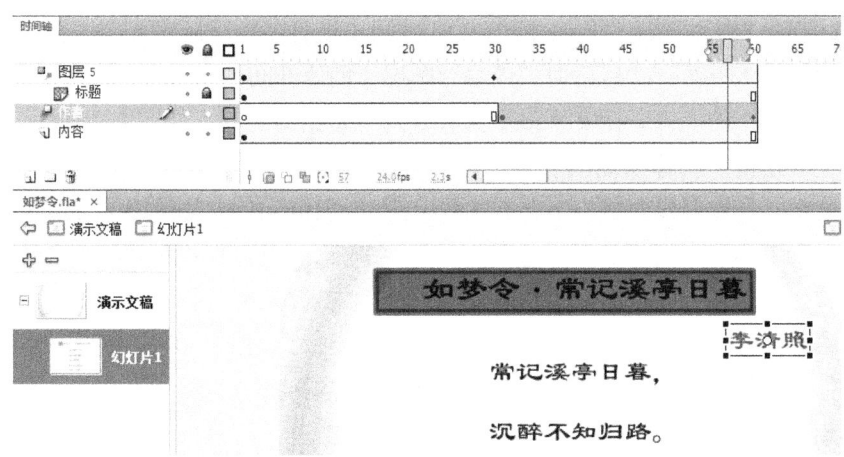

图 8-18 设置【Alpha】值

(6) 对"正文内容"使用【遮罩】达到字幕效果。把"内容"图层的关键帧使用步骤(5)的方法移动至第 61 帧,在时间轴上新建一个图层作为该层的【遮罩层】,并在第 150 帧处对各层都【插入帧】。在"内容遮罩"层的第 61 帧【插入关键帧】,在之上绘制一个矩形,大小为刚好遮盖住"正文内容"的一行文字,作为显示"正文内容"的"窗口",如图 8-19 所示。

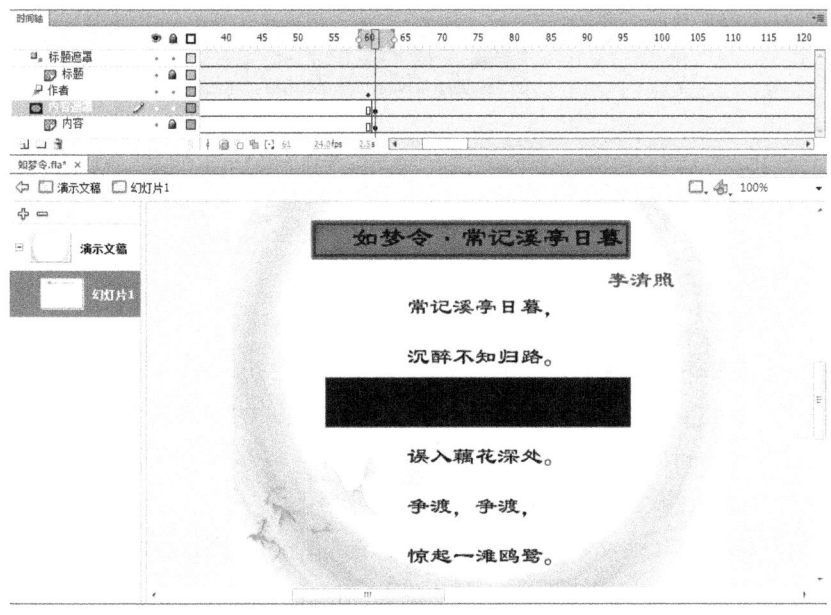

图 8-19 绘制"正文"的"显示窗口"

(7) 移动"内容"图层第 61 帧的文字到第(6)步遮罩矩形框的下方,使文字最上方和矩形框最下方对齐。然后对"内容"图层【创建补间动画】,在第 150 帧处,移动文字到矩形框的上方,使文字最下方和矩形框最上方对齐,如图 8-20 所示,这时文字产生"模糊"的移动预览效果。

在这里,我们可以回顾一下,在步骤(4)和步骤(6)、(7)中都使用了【遮罩】的方法,却达到了不同的动画效果。这其中的原因就是,步骤(4)中我们是对遮罩本身使用了形状变形的动画效果,而步骤(6)、(7)中是对被遮罩的文字使用了移动的动画效果,因为动画的依附对象不同,所产生的效果自然也大不相同。在平时我们使用 Flash 制作课件的过程中,即使使用同样一种技术,只要多学、多想、多试验就能产生出各种意想不到的效果。

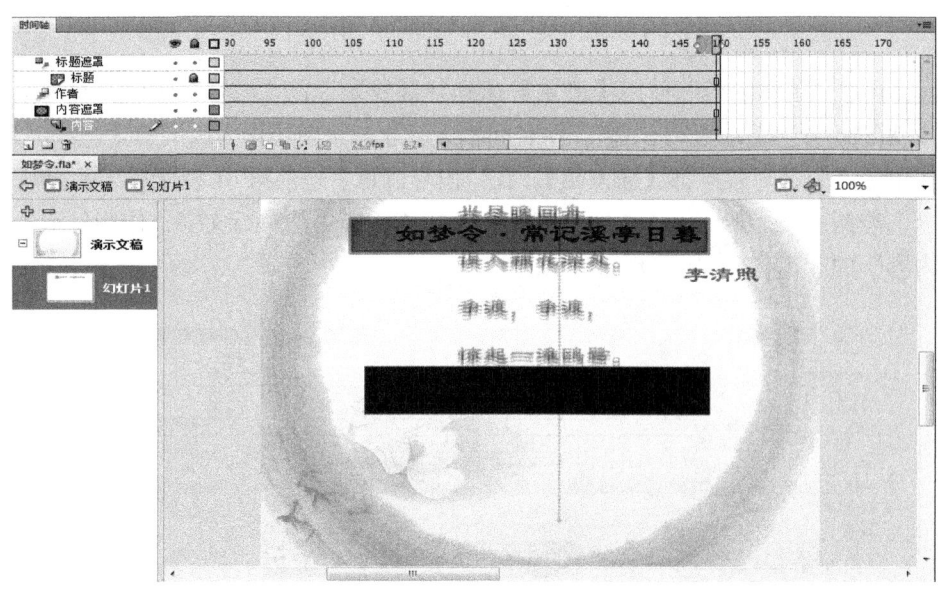

图 8-20 移动"内容"

(8) 在【屏幕轮廓】中新建一页幻灯片【幻灯片 2】,在这一页主要介绍作者,主要通过图片和文字介绍说明,因此使用与前几步相同的方法,文字和图片不同的动画分层设计。在时间轴上另外新建两层图层,在这三层图层中分别插入"标题"、"作者图片"和"文字介绍",如图 8-21 所示。

(9) 对"标题"和"文字介绍"都采用移动的动画效果,在它们各自图层的时间轴上设置开始位置,然后【创建补间动画】;对"作者图片"采取先显示后缩小移动的动画效果,如图 8-22 所示。

第 8 章 使用 Flash 制作幻灯片演示文稿

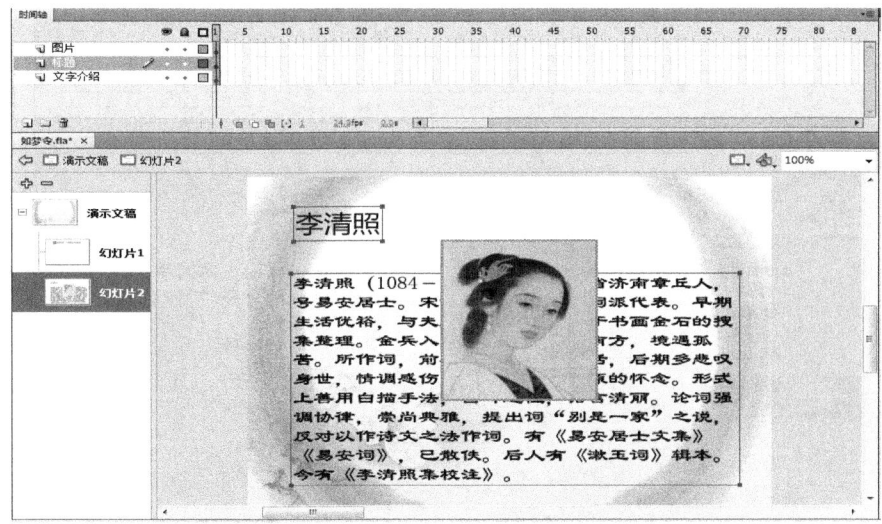

图 8-21 插入"作者介绍"幻灯片页面及内容

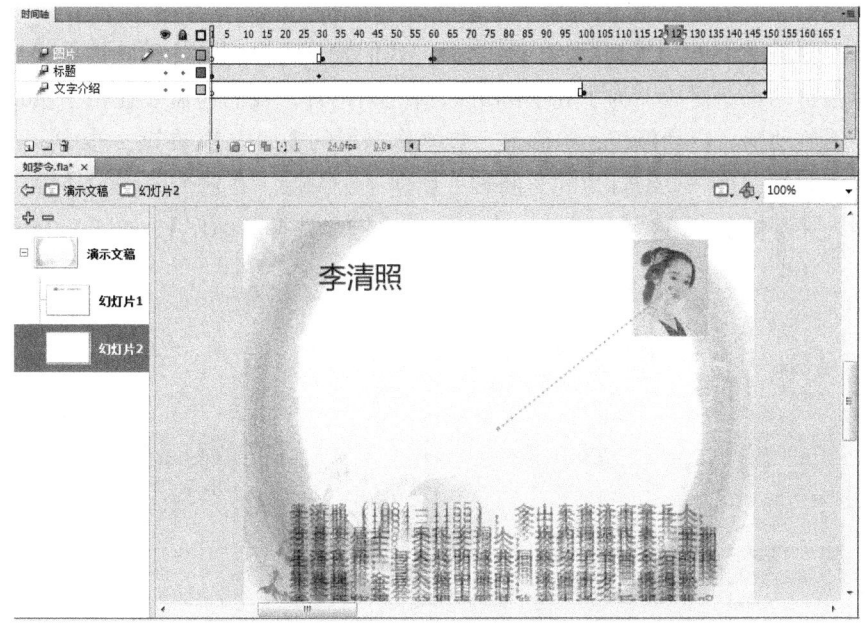

图 8-22 制作文字和图片的移动动画效果

(10) 在【屏幕轮廓】中新建一页幻灯片【幻灯片 3】,在这一页主要对原文进行解释说明,采取逐句解释的方式,对词句的动画效果采用移动的方式,如图 8-23 所示,同步骤(7),使文字产生移动预览效果。

149

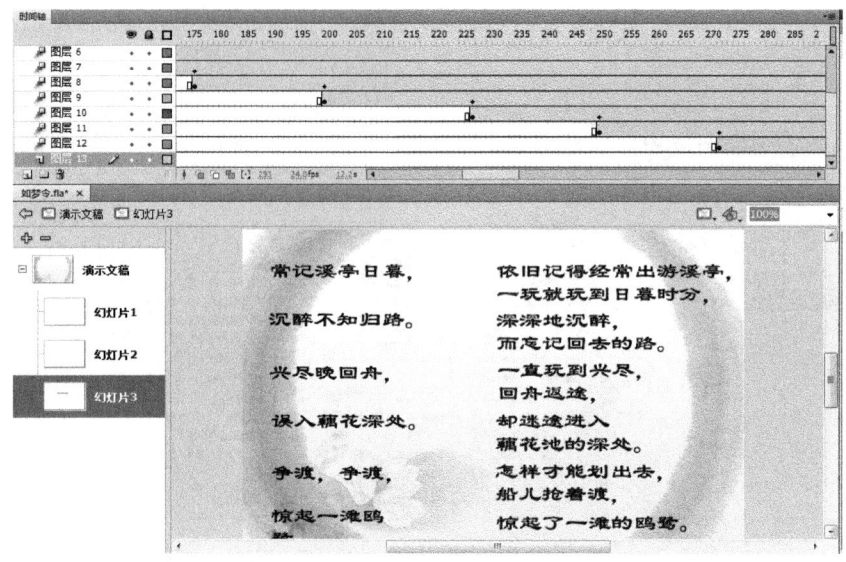

图 8-23 幻灯片 3

(11) 做好主要的三页幻灯片内容之后，我们发现每页幻灯片动画播放完毕后，页面就会自动重新播放。为了和实际讲课情况相结合，我们还需要在每一页幻灯片上加入播放动画后自动停止，等待下一步操作指示的【动作】。在这一步中，我们对前面步骤制作的每一页幻灯片的时间轴上新建一个图层，在这个图层的最后 1 帧位置【插入关键帧】，在这一关键帧上点击鼠标右键，选择【动作】，如图 8-24 所示。

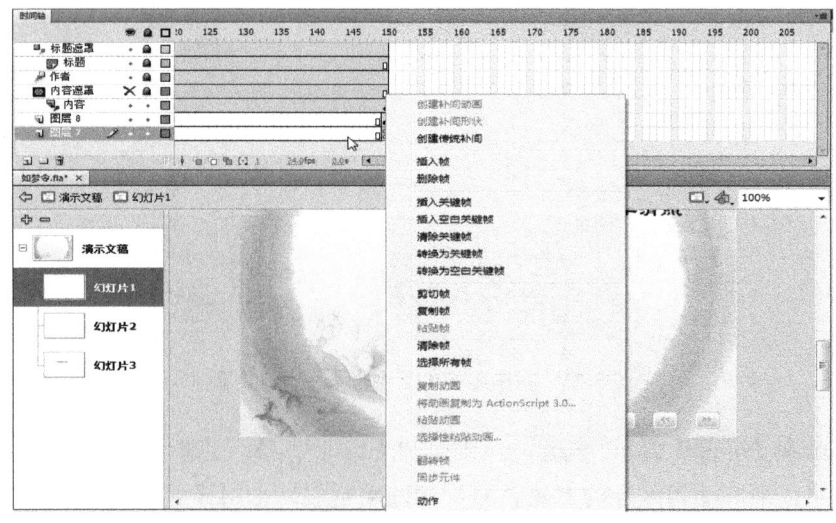

图 8-24 动作

(12) 在【动作】窗口中输入一条语句，如图 8-25 所示。这可以说是最简单的一条 ActionScript 语句了，记住不要忘了括号与分号。其作用就是当动画播放到该帧时停下来，在有新的命令时才会执行以后的动画。关于 ActionScript 脚本语言更详细地介绍我们将在第 9 章脚本语言的使用中讲到。

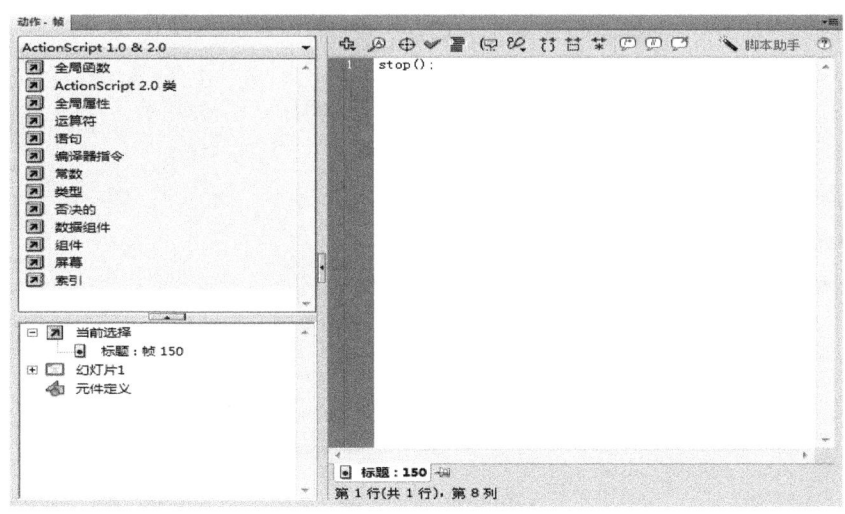

图 8-25　停止动画运行

(13) 按照 8.2 介绍的方法在【演示文稿】页面右下角加入交互式的控制按钮，如图 8-26 所示。

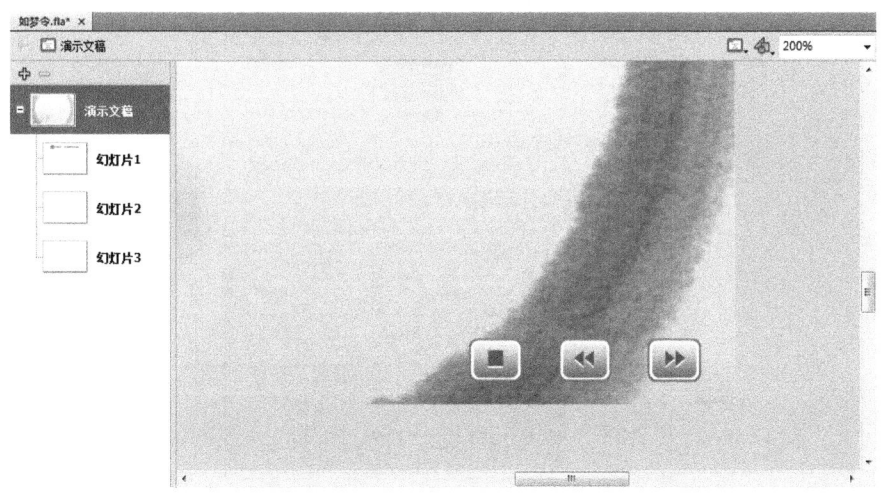

图 8-26　插入交互式按钮

(14) 对每页幻灯片按照 8.3 介绍的方法加入屏幕的过渡，如 8-27 所示。我们在制作幻灯片的时候可以从统一幻灯片风格的前提下把所有页面的过渡都设置为同一种方式，但有时也可以按照内容需要变换不同的过渡方式。

图 8-27　添加过渡

(15) 在课件的内容和操作控制都制作完成后，我们还可以在【演示文稿】中新建一个图层，导入一段配合课件内容的古筝音乐到【库】，然后插入到课件中，声音属性中【效果】设置为【淡入】，【同步】设置为【数据流】、【循环】，如图 8-28 所示。

图 8-28　背景音乐属性

(16) 测试整个 Flash 幻灯片演示文稿，调整其中觉得播放过快或过慢的帧的时间，完成整个课件制作并保存。

思考与练习

(1) Flash 幻灯片演示文稿中每一张幻灯片的切换动画效果是在什么地方设置的？

(2) 参照 8.4 的例子，使用 Flash 幻灯片演示文稿的制作方法，制作一个唐诗 Flash 课件 "床前明月光"。

第 9 章　使用简单脚本语言编写课件

从这一章开始，将要介绍 Flash 的脚本语言 ActionScript 的相关知识。Flash 提供了脚本撰写语言 ActionScript（简称 ActionScript），使用该脚本语言可以让 Flash 动画以非线性方式播放，从而实现更丰富的功能和效果。它在 Flash 内容和应用程序中实现交互性、数据处理以及其他功能。 ActionScript 作为 Flash 的脚本语言,与 JavaScript 相似，是一种编程语言。要想使课件具有良好的交互性和强大的智能性就要在课件中加入程序部分。

在第 8 章的课件实例中我们看到，如果只是制作课件动画，而没有一些简单的控制语句的帮助，我们很难达到想要的动画效果，例如加入"stop();"命令后就可以使正在播放的动画停下来。因此，在课件中加入一些简单的语句可以让我们的课件动画效果更好。

9.1　ActionScript 的版本

ActionScript 的第一个版本 ActionScript 1.0 现在已基本不再使用，对应的 Flash 版本为 Flash1.0~6.0。

ActionScript 2.0 是在 MX 时代被慢慢引入的，而在 MX 2004 版本被开发者全面采纳。ActionScript 2.0 的运行则是完全在 Flash Player 6 以上的版本中才具备的机制。ActionScript 2.0 语句在运行时(runtime)环境下仍然采用了 ActionScript 1.0 的模型；ActionScript 2.0 的编写方式则更加成熟，引入了面向对象编程的方式，并且有良好的类型声明，而且分离了运行时和编译时的异常处理。对应的 Flash 版本为 Flash 7.0~8.0。

自从 Adobe 公司收购 Flash 以来，ActionScript 3.0 的规范取代了 ActionScript 2.0，而 ActionScript 3.0 也是未来 Flash 开发脚本的核心。现在使用的 Flash 开发版本从 Flash CS 以上都是支持 ActionScript 3.0 的，ActionScript 3.0 在开发中更适合程序编写的规范与调试。

但是，由于在第 8 章的 Flash 幻灯片演示文稿这种类型的 Flash 制作模板中只支持 ActionScript 2.0 以下程序编写规则，因此我们在介绍 ActionScript 具体编写时会同时提到 ActionScript 2.0 的编写规范与 ActionScript 3.0 的编写规范。

9.2　ActionScript 2.0 与 ActionScript 3.0

ActionScript 3.0 相对于 ActionScript 2.0 来说完全是一种新的脚本，它们的不同点主要表现在以下 5 个方面：

第一，运行时异常处理机制不同。编译时，ActionScript 3.0 采用了面向对象的虚拟机运行机制，使编译速度大大提高。

第二，事件机制不同。ActionScript 2.0 采用的是动作触发元件事件的方式，而 ActionScript 3.0 采用的是监听方式，所有的事件都需要触发器、监听器和执行器三种结构，这样做的好处是使代码清晰、提高代码重用性。

第三，封装性不同。ActionScript 3.0 引入了封装的概念，增加了访问控制机制，提高了程序的安全性。

第四，XML 使用不同。ActionScript 2.0 对 XML 存取需要解析，而 ActionScript 3.0 把 XML 视为一个对象，存取 XML 和存取普通对象的属性一样方便，提高了效率。

第五，编写程序主要对象不同。ActionScript 2.0 以元件为主体，所有程序基于元件编写；ActionScript 3.0 以容器为主，以面向对象的思想脱离元件。

相对来说，ActionScript 3.0 是 Flash 脚本语言编写的发展方向，但是由于我们制作课件的 Flash 幻灯片演示文稿的模板只支持 ActionScript 2.0，因此我们对两种类型的编码规则都需要有一定的了解。

9.3　简单的 Action Script 语句

【动作】窗口是 ActionScript 脚本语言中输入代码的位置。通过菜单栏选择【窗口】|【动作】命令或者快捷键 F9 打开，如图 9-1 所示。另外，对舞台中的某个元件或者时间轴上某一帧点击鼠标右键，选择【动作】也能进入脚本语言编辑界面。

9.3.1　ActionScript 中通用的语句

下面介绍一些常用的 ActionScript 语句和使用方法，这些语句在各版本的 ActionScript 中均可以使用。需要注意的是，ActionScript 的语法是区分大小写的，如 lineTo()不等于 lineto()，因此在书写的时候要特别注意。

(1) Play()

在时间轴上让播放帧向前移动，没有参数。

(2) Stop()

在时间轴上让帧停止播放，没有参数。

(3) gotoAndPlay()

使用方法为：

gotoAndPlay([scene],frame);

将播放帧转到指定场景(scene)的所选帧(frame)上并继续播放。如未指定场景，则默认为本场景。

(4) gotoAndStop()

使用方法为：

gotoAndStop([scene],frame);

将播放帧转到指定场景(scene)的所选帧(frame)上并停止播放。如未指定场景，则默认为本场景。

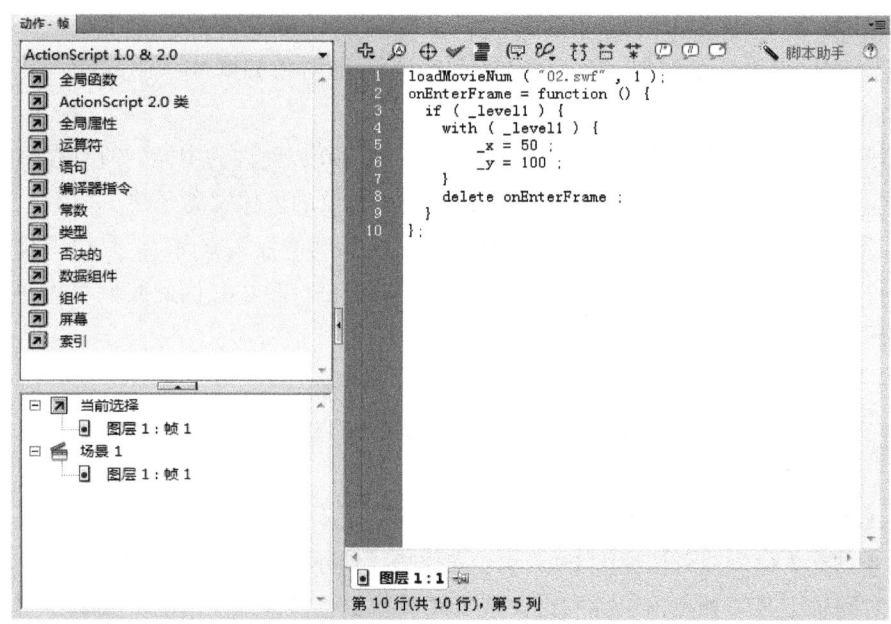

图 9-1 【动作】窗口

除了以上几个对整个时间轴的播放控制语句外，我们时常还需要一些判断语句来管理对程序进程的控制，另外还有一些控制性语句可以让我们的程序完成一些简单的选择工作。

· if 语句

使用方法为：
```
if(条件){
    语句;
}
```
如果 if 中的"条件"成立，则 Flash 将运行条件后面花括弧内的"语句"，如果"条件"不成立，则跳过该段语句，运行语句之后的内容。

· else 语句

使用方法为：
```
if(条件){
    语句 1;
}else{
    语句 2;
}
```
如果 if 中的"条件"成立，则 Flash 将运行条件后面花括弧内的"语句 1"，如果"条件"不成立，则运行 else 中的"语句 2"。

9.3.2 ActionScript 2.0 与 ActionScript 3.0 不同的使用方式

9.3.1 中介绍的这些语句在 ActionScript 各版本中都可以使用。但是在前面章节已经提到，ActionScript 2.0 与 ActionScript 3.0 在语法上有很大的区别，下面简单介绍一下两种 ActionScript 版本在使用思想上的不同。在 ActionScript 2.0 中，最简单而且最常见的使用方式是从 on 函数开始，对场景中的对象设置动作。

使用方法为：
```
on(事件){
    语句;
}
```
这里的"事件"在 ActionScript 2.0 中有特定指代：

Press：鼠标指针滑到按钮上时按下鼠标按钮。

release：鼠标指针滑到按钮上时释放鼠标按钮。

rollOut：鼠标指针滑出按钮区域。

rollOver：鼠标指针滑到按钮上。

dargOut：鼠标指针滑到按钮上时按下鼠标按钮，然后滑出此按钮区域。

dargOver：鼠标指针滑到按钮上时按下鼠标按键，然后滑出该按钮区域，接着回到该按钮上。

keyPress "<Key>"：按下指定的键盘键。

整个语句的意思为，在发生了某一类"事件"的情况下执行 on 函数中的那些语句。

相对的，在 ActionScript 3.0 中，语句一般以事件监听 addEventListener 函数的方式出现。

使用方法为：

对象.addEventListener(事件, 函数);

function 函数(事件类型){
  语句;
}

整个语句的意思为，系统一直监听现在程序的运行状态，当发生了某一类"事件"时，执行函数中那些语句。

9.4 课件制作中的 ActionScript 2.0——直角三角形的边长

从第 7 章对 Flash 的介绍讲解中，我们已经可以使用补间动画、引导线等的方法完成路径动画的设置，但是为了使效果更真实，我们还可以使用 ActionScript 脚本语言直接实现。下面就介绍一个使用 ActionScript 2.0 编写的数学课件——直角三角形的边长。

为了实现计算直角三角形的边长，本课件在代码中使用了勾股定理，在一个直角三角形中，斜边边长的平方等于两条直角边边长平方之和。如果直角三角形两直角边分别为 a、b，斜边为 c，那么 a 的平方加 b 的平方等于 c 的平方，即 $a^2+b^2=c^2$。具体步骤为：

(1) 新建一个 Flash 文档，选择基于 ActionScript 2.0，如图 9-2 所示。

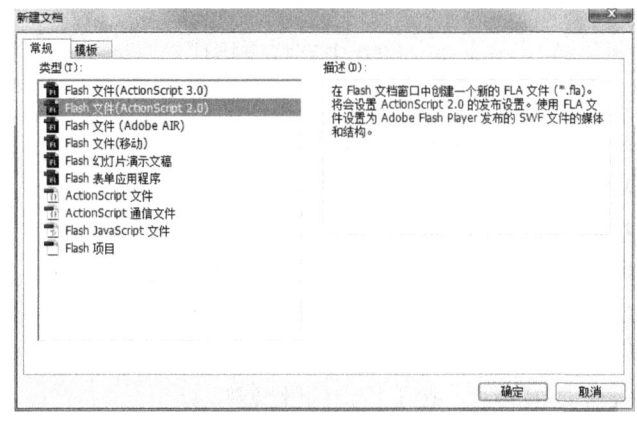

图 9-2 新建 ActionScript 2.0 文件

(2) 新建直角三角形的各顶点。为了让可以移动的点更容易被点选中，我们可以在顶点 A 后设置一块透明的"可选择区域"。具体方法为，首先新建一个【影片剪辑】potA，在 potA 中绘制圆形 A 和文字，然后再新建一个背景图层并新建一个图形元件，在元件中绘制一个背景圆形图案，然后放入 potA 的背景图层中，并设置其【Alpha】值为 0，以达到从场景中只能看到点 A 而看不到背景圆形，但是又扩大了选择面积的目的，如图 9-3 所示。

(3) 使用步骤(2)的方法新建【影片剪辑】potB 和 potC，如图 9-4 所示。并把元件 A、B、C 都放置到场景中，把它们的实例名分别命名为 pA、pB 和 pC，如图 9-5 所示。

(4) 调整 3 个点的大小，绘制水平线并在场景中新建文字图层，添加 3 个动态文本框，分别设置动态文本框的实例名为 lAB，lBC，lAC，用来装载随时变化的边长，如图 9-6 所示。

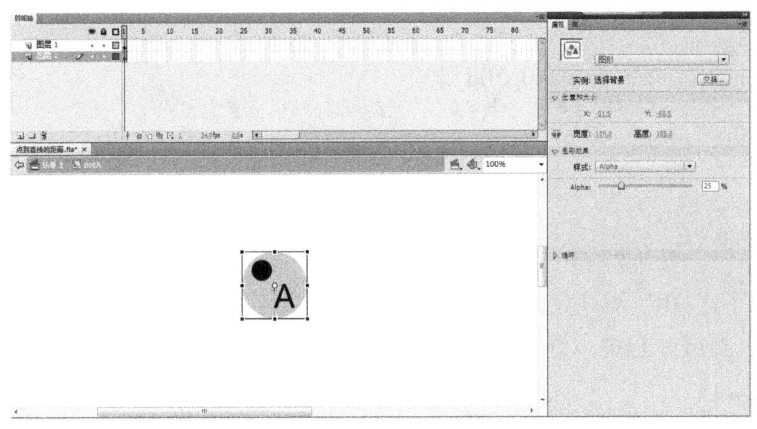

图 9-3　设置元件"点 A"的 Alpha 值为 0

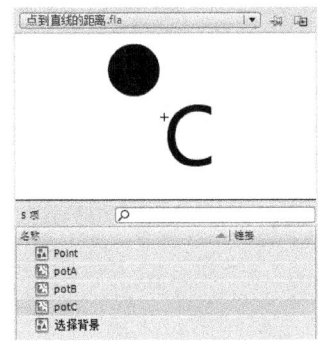

图 9-4　新建其他顶点元件

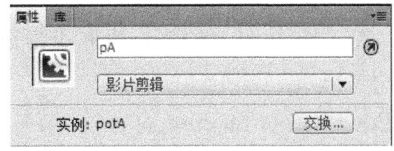

图 9-5　对元件命名

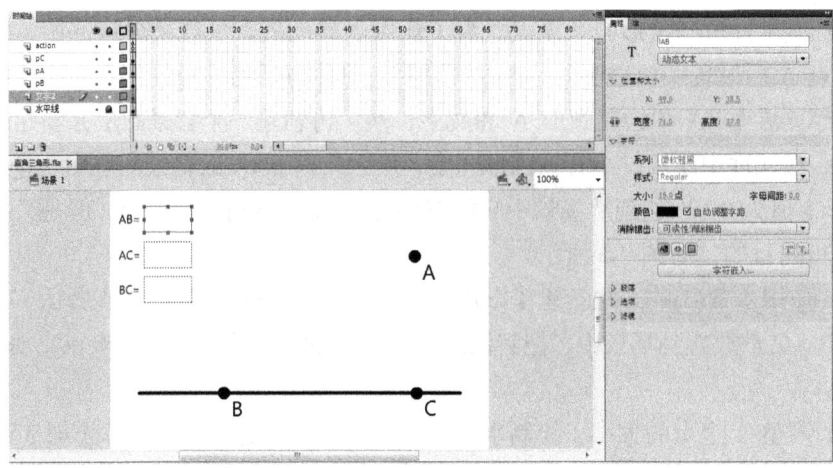

图 9-6 插入动态文本框

(5) 在 potA 上,点击鼠标右键,选择【动作】,添加如下代码:

```
on (press) {
startDrag("", false, 300,280, 500, 50);
    //startDrag()中最后四个参数分别决定了鼠标可以移动的矩形区域:
    //left,top,right,buttom
}
on (release) {
stopDrag();
}
```

(6) 为了让 BC 两点只在水平线上移动,需要给它们的移动范围加上规定。在 potB 上,点击鼠标右键,选择【动作】,添加如下代码:

```
on (press) {
startDrag("", false, 100, 305, 280, 305);
    //为了能让A点的移动不超过B点,设置B可移动的右边界小于A可移动的左边界
}
on (release) {
stopDrag();
}
```

(7) 在"场景 1"的第 1 帧上点击鼠标右键,选择【动作】,添加如下代码,完成 AB 边"画线"部分。

```
onEnterFrame=function () {
    this.createEmptyMovieClip ("line1", 0);
    line1.lineStyle (3, 0x000000, 100);
    line1.moveTo (pA._x, pA._y);
    line1.lineTo (pB._x, pB._y);
};
```

由于现在设计的是直角三角形，为了使 AC 始终是垂线，我们还需要在上面的代码中设置垂点 C 点的坐标。

```
pC._x=pA._x;
line1.moveTo (pA._x, pA._y);
line1.lineTo (pC._x, pC._y);
```

(8) 完成点的设置之后，要进行距离的计算。在"场景 1"的【动作】中继续添加"计算距离"代码：

```
BC = Math.abs(pA._x - pB._x);
//Math-abs() 为求绝对值
//计算直角边长度
AC = Math.abs(pA._y - pB._y);
//计算另外一条直角边的长度
AB = Math.sqrt(BC*BC + AC*AC);
//计算两点间的距离，并取整，Math-sqrt() 为开方函数
```

为了使距离在动态文本上显示，还必须加上以下代码：

```
lAC.text = Math.floor(AC);
lAB.text = Math.floor(AB);
lBC.text = Math.floor(BC);
//Math-floor 为取整函数
```

(9) 保存并测试，完成整个课件的制作，在"场景 1"中的完整代码如下：

```
onEnterFrame = function () {
  this.createEmptyMovieClip("line1", 0);
  line1.lineStyle(3,0x000000, 100);
  line1.moveTo(pA._x, pA._y);
  line1.lineTo(pB._x, pB._y);
  pC._x=pA._x;
  line1.moveTo(pA._x, pA._y);
  line1.lineTo(pC._x, pC._y);
  BC = pA._x - pB._x;
  AC = pA._y - pB._y;
  AB = Math.sqrt(BC*BC + AC*AC);
  lAC.text = Math.floor(AC);
  lAB.text = Math.floor(AB);
  lBC.text = Math.floor(BC);
};
```

9.5　课件制作中的 ActionScript 3.0——自由落体运动

在 9.4 中，我们使用了 Flash 旧版本中的脚本语言 ActionScript 2.0 设计课件，而

从新版的 Flash 软件开始推广以来，Flash 的脚本规范升级到了 ActionScript 3.0，本节介绍一个使用 ActionScript 3.0 编写的物理课件——自由落体运动。

(1) 新建一个 Flash 文档，选择基于 ActionScript 3.0，如图 9-7 所示。

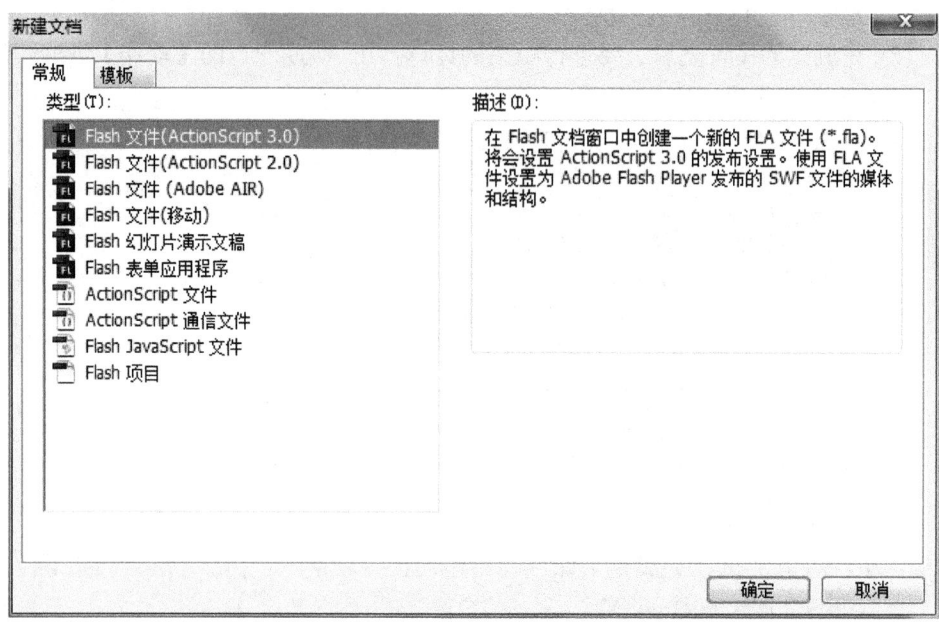

图 9-7　新建 ActionScript 3.0 文件

(2) 在场景中，新建一个影片剪辑"元件 1"，如图 9-8 所示。

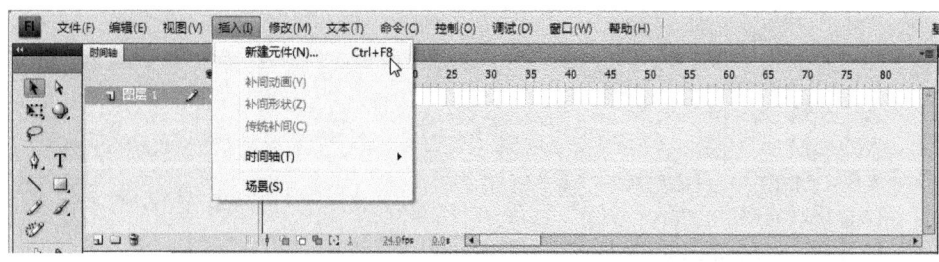

图 9-8　新建"影片剪辑"

(3) 在【创建新元件】对话框中，勾选【为 ActionScript 导出】选项，点击【确定】，如图 9-9 所示。

(4) 在"元件 1"使用【椭圆工具】，按住 Shift 键绘制一个正圆作为运动的"小球"，如图 9-10 所示。

第 9 章　使用简单脚本语言编写课件

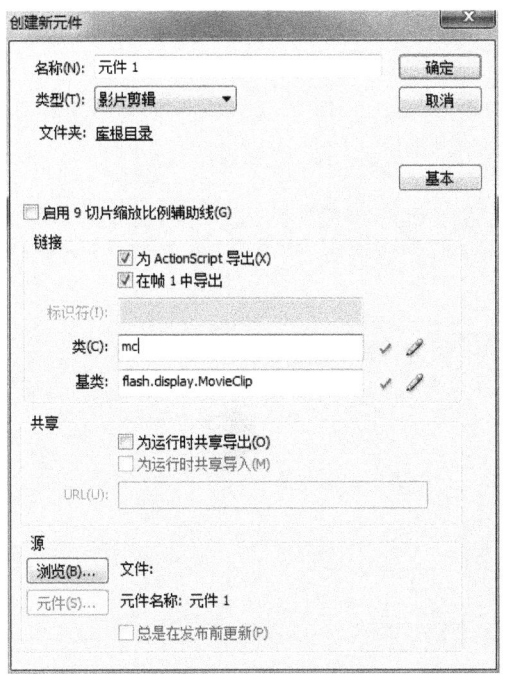

图 9-9　导出"元件"

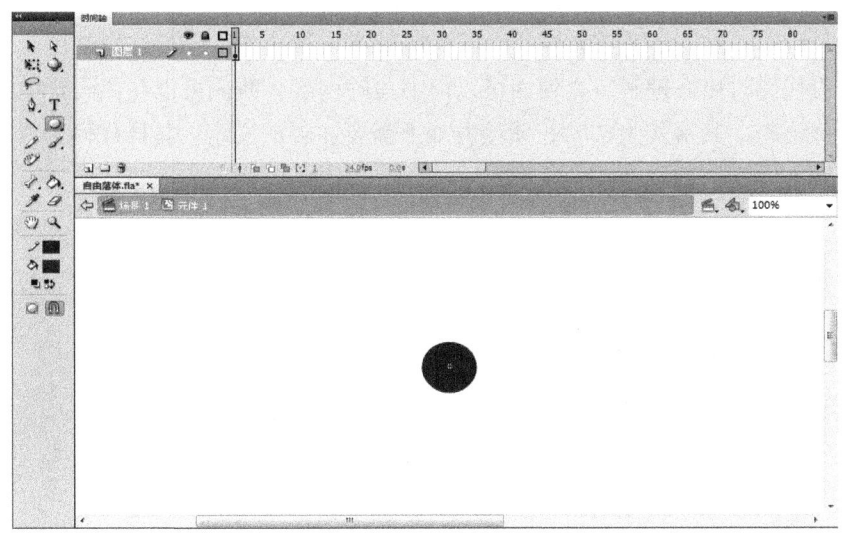

图 9-10　绘制运动物体

(5) 使用【颜料桶工具】对"小球"进行填充，选择【渐变变形工具】，调整"小球"内部颜色分布，如图 9-11 所示。

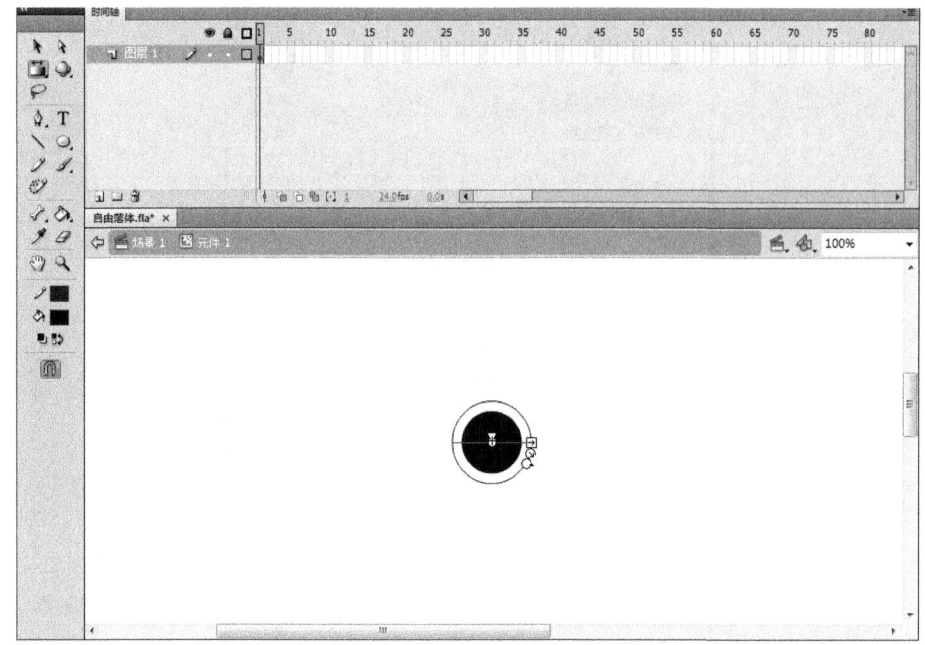

图 9-11 渐变变形工具

(6) 返回"场景 1",在第 1 帧上点击鼠标右键,选择【动作】,进入 ActionScript 代码编写阶段,这一步完成元件"小球"加载到场景 1 中。需要注意的是,为了使以后查看代码时更好理解,方便回忆以前书写的内容,我们可以在代码行中加入必要的注释语句,其格式为"//",紧接着加上需要注释的文字。具体代码为:

var mc_1:mc = new mc();
//var 表示变量关键字,mc_1 为变量名,mc 为步骤 3 中我们导出的元件"小球"类,new
//为新建关键字
addChild (mc_1);
//addChild()方法表示加载元件实例到场景中

mc_1.x = stage. stageWidth/2;
//定义 mc_1 元件出现在舞台最上方中点位置。x 表示其横坐标,y 表示其纵坐标,下同。
//这里只定义了 x 而不定义 y,说明 y 从 0,也就是舞台最上方开始下落。

(7) 为了实现自由落体运动,需定义速度和加速度,这一步主要实现"小球"的加速下落。

var gra:Number = 5;
//gra 表示重力产生的加速度,Number 表示整数类型
var vy:Number = 0;
//变量 vy 是初始速度
mc_1.addEventListener (Event.ENTER_FRAME, fall);

```
//对小球mc_1增加监听事件：一旦Flash影片开始播放(ENTER_FRAME表示第1帧进入场景),
//则运行fall函数中的语句
function fall(e:Event):void {
//编写fall函数
    vy += gra;
    //然后使用重力改变速度的公式，这里+=相当于vy=vy+gra
    mc_1.y += vy;
    //通过速度改变物体的位置
}
```

(8) 测试上面的代码，我们看到物体刚开始静止，然后速度不断加快，实现了自由落体运动。但这个运动并不真实，当物体掉到地面时，给它一个反弹力，看起来就会真实一些。如果物体的纵坐标大于等于屏幕高度时，就相当于碰到了地面，地面会给物体反弹力。由于反弹力是竖直向上的，可用负值来表示。在fall函数中加入反弹力的代码：

```
var bounce:Number = -0.7;
//反弹力是反弹加速度
if (mc_1.y >= stage.stageHeight – mc_1.height / 2)
//如果mc_1的底部超出舞台的下边界
{
    mc_1.y = stage.stageHeight – mc_1.height / 2;
    //使mc_1位于地面上
    vy *= bounce;
    //速度加上反弹加速度，相当于vy=vy*bounce
}
```

(9) 保存并测试，完成整个课件的制作，完整代码如下：

```
var mc_1:mc = new mc();
addChild (mc_1);
mc_1.x = stage.stageWidth/2;
var gra:Number = 5;
var vy:Number = 0;
var bounce:Number = -0.7;
mc_1.addEventListener (Event.ENTER_FRAME, fall);
function fall(e:Event):void {
vy += gra;
mc_1.y+=vy;
if (mc_1.y>=stage.stageHeight-mc_1.height/2) {
   mc_1.y=stage.stageHeight-mc_1.height/2;
        vy*=bounce;
   }
}
```

思考与练习

(1) ActionScript 是什么？如何进入 ActionScript 的使用界面？

(2) 使用 ActionScript 2.0 或者 ActionScript 3.0 改写 7.5.2 的例子，使制作的 Flash 课件不使用引导线技术也可以实现抛物线的运动轨迹。

(3) 使用 ActionScript 2.0 或者 ActionScript 3.0 设计一个 Flash 课件"拼音发音"，在该课件中列出拼音中的声母、韵母，达到使用时点击其中任意一个拼音都可以发出相应的声音的效果。

参 考 文 献

李永.2009.Flash 多媒体课件制作.北京：清华大学出版社
缪亮.2005.PowerPoint 多媒体课件制作实用教程.北京：清华大学出版社
仇芒仙.2004.Authorware 实用教程.北京：高等教育出版社
肖威.2011.多媒体课件制作教程（运动类）.北京：清华大学出版社
朱朝霞,蒋腾旭.2011.多媒体课件制作技术教程.北京：北京航空航天大学出版社